EL OPUS DE MELANIA

To Lilie with all my senses.
Thank you for support my
art and for you light.
Blessings.

Jaya 3/10/16.

EL OPUS
DE MELANIA

Carina Vottero

ISBN-10: 1515315096
ISBN-13: 978-1515315094

DEDICATORIA

A mi madre, Adriana Pistelli, quien me ama desde antes de mi creación y con quien me une un lazo verídico, inimitable e inmortal.

A mi abuela, Magdalena Farías, por las huellas indelebles de amor sublime que selló en mi cuerpo y alma. A quien jamás dejaré de extrañar. A quien volveré a encontrar y a amar por siempre.

AGRADECIMIENTOS

A Mara Vottero, mi única y entrañable hermana, por haberme conferido el tesoro imponderable de mis sobrinos Magdalena, Fausto y Federica Santana.

A mi confidente y faro, Emilio de Armas, un ser de luz que me acompaña con su amor fraternal. Quien advirtió mi talento furtivo y supo a ciencia cierta de mi necesidad y pasión por escribir.

A María Isabel Mejía, por su sustento dadivoso durante estos seis años.

A David Plotkin, por su entrega insigne a nuestra amistad.

A Daniela Holgado, quien me acompañó en el quebranto más punzante de mi existencia y con quien me ensambla un ardid refulgente de nobleza.

A Ivia Nieves, quien con su hidalguía participa en los episodios más significativos de mis días.

A María Marchi, por haber escogido ser, con su luz esplendente, un segmento de mi camino.

A mis amigas absolutas: Nilda Gallego, quien me progresó en mi fe y emana su amor desde el otro resguardo del mundo; y Ana María Scampini, por su hermandad y ofrenda de lo más apreciable que posee.

A todos ellos que eligieron adorarme con las averías que me hacen humana.

EL OPUS DE MELANIA

En la madrugada del martes 3 de diciembre, siete años y cuatro meses después del comienzo de su opus, Melania se vio mortificada por presagios que perturbaban el alma añeja que amparaba su frágil cuerpo. Encendió la luz y mientras imploraba que el vaticinio no se consumara, saltó de la cama, se dirigió al cuarto de baño, se cambió sus humedecidas ropas y se entregó en reverencia al creador para que, de una vez por todas, dejaran de sustraer su descanso esos sueños predictores que la inquietaban hasta la demencia.

Tal vez en la noche en la que diera inicio a su opus también había comenzado a revelar para conquistar, pero también para encubrir otro tanto. Esa fecha la marcaría por siempre en el juzgar ajeno y ensombrecería su alma dadivosa. Aquellas profecías emprendieron revelaciones con mayor regularidad. Pero sin asomo de dudas, hubo hechos estrictos que ampliaron su sutileza mientras dormía.

Melania había nacido en un rincón pintoresco y sereno de Italia. Allí la divinidad delineó con delicadeza un paisaje de la Toscana para incitar el encuentro entre sus progenitores. Fue hija de padres de diferentes nacionalidades, pero con una idiosincrasia idéntica. Ariadna, su madre, era una bailarina de ballet que embelesaba al público de cada suelo que pisaba, tanto por su belleza innata, como por su destreza insuperable. Su padre, amo y señor de una apariencia distinguida que desataba suspiros en cuanta dama estuviese por donde él caminara, era un sindicalista defensor de los derechos de los trabajadores del campo.

La carrera de su madre innovaba persistentemente viajes y mudanzas, por lo que ambas recorrían cada continente de la esfera terrestre sin permanencia prolongada en un punto. Pero llegado el tiempo en que la niña alcanzó la edad del compromiso escolar, debieron cesar sus andanzas. Entonces Ariadna prefirió la nación de donde ella era oriunda para proveer a su hija de unas raíces y un crecimiento en torno a sus abuelos y primos.

De su Italia era ínfimo lo que recordaba Melania, excepto algunas montañas gigantescas. De su niñez, la ternura y euforia con que su madre la acurrucaba en su regazo, tanto previa como posteriormente a sus funciones. Además, traía a su memoria a esos seres delicados que integraban el elenco junto a su progenitora, quienes afablemente la atendían con una entrega veraz, como si los uniera algún lazo sanguíneo y no sólo el arte.

Melania había heredado en cada gota de su sangre el espíritu gitano de su madre. Sostenía que en la vida todo bailaba en círculos, así que no desistía de volver algún día a desplazarse de un confín a otro de la creación. Con ansiedad escudriñaba su espacio en el cosmos, sus afinidades. Buscaba descubrirse, pues profesaba la extraña impresión de no pertenecer ni allí ni acá. Sobrevivía con la convicción de que otro espacio, en el que nunca había estado, le forjaba una antesala. Pero lo que no veía era hacia dónde emprender el viaje.

Hasta que ya en el primer asomo de su juventud, Melania asintió una mañana de domingo a la venta de sus pertenencias y reunió algo más de la suma a que ascendía el boleto aéreo. Aunque vivía en un territorio espacioso, de ríos pedregosos, cristalinos y profundos y con un cielo nítido, se desenvolvía entusiasmada en la cuenta regresiva de sus días por el enigma que el universo le hilaba en otro país lejano.

Mientras leía en el largo jardín de su casa materna, incrustó la imagen de la mañana en que su abuela cruzaba la calle rumbo a la panadería. Era como un tesoro que guardaba adherido a su memoria, pues según parece, ésta fue una de las últimas andadas de su antepasada. De igual manera, tenía la remembranza de Elba junto a su abuela. Ambas señoras caminaban tomadas del brazo en un atardecer templado de abril. Junto a ellas, Melania les hacía compañía calzada en sus patines.

Y también hacía presente en su pensamiento el retrato de aquella cama antiquísima en la que su madre había nacido en el cuarto amplio de la casa. Así como la efigie de Ignacio, su hermano menor. Eran dos seres concebidos por los mismos progenitores, pero de nacionalidades desemejantes. Aquel adolescente gozoso, destacado en sus estudios, tenía la habilidad de colmar la casa con amigos alegres y bohemios, tal como él mismo lo era. Melania lo recordaba sentado en la mesa circular de la sala mientras le hacía una carta en que expresaba lo mucho que la echaría de menos.

Exactamente un mes previo a su partida, falleció su compañera de clases Silvia, una muchacha de sonrisa angelical y ligaduras fuertes con su familia. Esto conmovió a Melania y la llevó a una indecisión profunda sobre si de verdad estaba lista para relegar la coexistencia de quienes adoraba.

La inundó el llanto en aquel cuarto pequeño que compartía con Ignacio. Se acurrucó apesadumbrada, en la cama al lado de su hermano, algo que ni uno ni otro habían hecho cuando eran chiquillos. Reflexionó sobre la finitud de la vida, que aunque se busca alejar al creer en la obstinación del amor que presume la existencia es eterna, siempre se aproxima.

Pero a pesar de la desaparición repentina de su compañera, Melania apostó a su esencia solitaria y pretendió sentirse segura ante el próximo alejamiento de su familia, sus amigos y esa nación en la cual creció muy amada. Dio rienda suelta a su aventura para trazar su propia leyenda, porque de no intentarlo, algo quedaría incompleto en su travesía por el cosmos.

Armó dos maletas al cargar en ellas lo que suponía inaplazable. Pero le agregó al acto la pretensión ferviente de también colocar ahí dentro un trozo de cada uno de los que amaba. Ahogada en llanto, partió mientras vacilaba de su elección e inquiría en su desarraigo opresor el motivo que aun así la impulsaba a su acrobacia.

Después de dos transbordos y catorce horas de vuelo, aterrizó en un suelo insólito que ocupa, junto con algunas islas del Océano Índico, la principal masa continental de una plataforma llamada Sahul. Era el sexto mayor país del mundo. Había arribado por primera vez en su vida a Nueva Gales del Sur, un estado australiano situado a unos 320 kilómetros al suroeste de la poblada ciudad costera de Sidney.

La lejanía era abismal. Estaba entumecida por las conmociones que le provocó el dejarlo todo. El despojarse de una vida para comenzar otra sin la presencia de quienes ciertamente la contenían. Pero desplazó con soltura el cuerpo etéreo que le otorgó con esplendidez su madre.

Anduvo los corredores de aquel aeropuerto descomunal con ese porte refinado que enmarañaba a los otros acerca de su origen. Y a esto añadía un aura cristalina que dejaba al descubierto su ausencia de malicia, mientras revelaba en sus ojos verdes la pureza de su espíritu. Caminó pausadamente hacia la amplia puerta de salida, donde sintió en su rostro el encuentro abrupto de aquella corriente húmeda que envolvía sin compasión a la ciudad.

Vio la bandera bajo cuyo ondear devanaría sus futuros días. Alzó los ojos al cielo y advirtió el tamaño de las nubes, así como colores disímiles que jamás había vislumbrado. Aquella acuarela celestial de los rayos del alba la hizo abrigar emociones antípodas, como las de asombro y destierro. Era como si el soplo de un mago la hubiera extraído de un estado de hipnosis y de aquel punto austral del mundo para lanzarla desde una nube a esa fracción de tierra, a la enormidad de aquella ciudad que disentía con su menudencia personal.

Ascendió a un taxi, le indicó al chofer la locación del lugar que había reservado para alojarse y se acurrucó con postura de niña desvalida en el anchuroso asiento posterior del vehículo, encandilada por la amplitud de las calles y el tamaño de las construcciones. La duración del viaje le pareció eterna, puesto que el cansancio ya la comenzaba a atrapar.

Desde el instante en que abrió la puerta del mono ambiente donde iba a vivir, sintió escalofríos. Profesó una sensación de un silencio incapaz de rellenar con nada ni nadie, de un vacío espeluznante de sus seres amados. Recorrió acongojada el cuarto con sus ojos inmensos en una pesquisa inútil de una matizada del mar. Melania guardaba la expectativa de vislumbrarlo desde esa única ventana que poseía el apartamento, que para colmo de males se encontraba sellada.

Y cuando ya estaba desencantada de descubrir una vista al mar, decidió abrir la estrecha ventana del cuarto de baño, dándose con la sorpresa de que a través de ella, y poniéndose en punta de pies, podía percibir la masa de agua salada que buscaba.

Pero a estas alturas, cuando ya su cuerpo había asimilado todas las turbaciones humanas, el panorama era un detalle que no importaba por aquel momento. Lo que la ofuscaba era la sensación de encierro y el modo en que lidiaría con ello, puesto que nunca antes había vivido en un apartamento.

Intentó acomodar sus prendas, pero la extenuación la vencía, por lo que tomó una ducha refrescante. Extrajo de la maleta la fotografía de Ignacio, la posó sobre una cama que juzgó ingratamente amplia, y de inmediato se vio sorprendida por sus primeras lágrimas de inmigrante mientras caía en un sueño profundo.

La despertó la campanilla del teléfono. Se sobresaltó, porque en aquel cuarto pequeño hasta el menor eco era estrepitoso. Descolgó el teléfono y oyó la voz de su madre a cuantiosos kilómetros de distancia. Se dio cuenta de las nuevas circunstancias en las que se encontraba de ahora en más.

Esto fue motivo de un sollozo y una melancolía que detonaron en una congoja que la llevó a una retrospectiva de la hermosura de su infancia. Se le abrió la pregunta de por qué las familias primarias se disolvían.

Y en jornadas posteriores, esa incógnita merodeó asiduamente su cabeza. Cayó en la práctica perniciosa de contar los días que llevaba sin ver a sus parientes. Flagelada por su mente, sucedían sus primeros tiempos en que desempeñaba trabajos a los que sólo los segregados accedían. Caminaba las anchurosas calles de la ciudad en prolongadas andanzas que magullaban sus pies bajo un sol feroz que castigaba su piel blanca.

Y en los atardeceres le era ineludible la visita de la nostalgia, que casi siempre concluía en llantos. Asaltaban su atención las conversaciones que mantenía con los demás. Pero a ninguno le oía mencionar en demasía a sus familias. Aun así advirtió que esta distancia despiadada con quienes adoraba, estrechaba más sus lazos con ellos y los hacía inquebrantables. Melania los rememoraba a más no poder.

Transcurrieron noventa días desde su partida. Durante la totalidad de una noche tuvo espejismos con su hermano.

En un crepúsculo húmedo de verano tocaban a su puerta. Ahí estaba el deseo figurado de su alma: Ignacio. La integridad de los seres les fue pequeña para cobijar la algarabía de ambos mientras se abrazaban y derramaban dicha. En aquel soplo que la existencia les concedía, tuvieron por primera vez una niñez al unísono. Desarmaban el equipaje, abrían regalos, reían y con rapidez se cambiaban de ropas para ir a contemplar el mar. Ignacio nunca antes había apreciado unas aguas azules como las del océano, Y a pesar de que el sol se ocultó y se desató una llovizna que hacía pesado el transitar por la arena, los hermanos se reunían mágicamente muy lejos de donde habían nacido. Se deleitaban en complicidad absoluta.

Han acaecido más de siete años desde aquella alborada de verano. Es Nochebuena. Llueve. Y si bien Melania nada deja entre renglones, lo incoherente se ha unido con las remembranzas, tal vez como fruto de la lejanía y de ese arbitrario paso del tiempo que no absuelve a ninguno.

Aunque el desvelo es aún su huésped favorito, por sus súplicas ardorosas las pesadillas han cesado. Más que todo, es el pavor el que la consume por no saber el fluctuar con la que su familia sobrevive en aquel país apartado. Por ello en cada atardecer, llegado el instante en que reinicia su opus, una vez que se sube a esos tacones y concibe que ya no hay vuelta atrás, que a pesar de sus aflicciones ha de brillar a como dé lugar, previo a su aparición en el escenario, implora al cielo protección para su madre, su persona y todos los individuos que por idéntica razón del destino se encuentran en un lugar tan oscuro, frío, tumultuoso y ensordecedor.

Luego, limpia su cuerpo en cada madrugada, mientras rejunta las piezas que le quedaron indemnes de esas horas de arduo trabajo. Conduce hasta su casa para adentrarse en esa quimera de que sólo las paredes, los libros y las autobiografías la esperan. Siente el ímpetu de drenar los canales de energía que se le mancillaron.

Aún vive con temores, pero sin saber de quién o de qué. Experimenta recelos insípidos. ¡Cómo si hubiese algún individuo que lo confesara todo! ¡Cómo si alguien no tuviese secretos! Y peor aún, ¡cómo si a alguno le incumbiese lo que hace! En definitiva, ella es dueña de su cuerpo, así como de la vida que se le ha otorgado. Sólo comparte con el prójimo un espacio en esta tierra, hasta que el omnipotente disponga acabar con el giro de su carrusel.

Enciende la luz del corredor, deja los bultos en el piso y de inmediato dirige la mirada a la foto de esa mujer, que se funde en sus ojos. De ellos proviene el amor excelso que ampara la utopía indemne de que su vida, como la de todos, tiene valor. Y mejor aún, que ha de tener una larga y clemente existencia por delante para regocijarse en ese destello de contento sublime.

Melania sólo comparte lo profundo con quienes la aman sin conceptuar. A los demás sólo les brinda lo que esperan, el costado de esas relaciones que de forma total son una permuta. Pero nada más lejos de la probidad de su ser, desbordado por avideces de ser consentida y de abandonar su armadura permanente de salvaguardia.

Tiempos atrás, cuando el período de no más de un año había sido un lapso suficiente para saturarla de labores inmerecidas, mientras entre lamentos andaba por el corredor que la llevaba a los elevadores para escapar hacia su remanso en el océano, tuvo un encuentro fortuito con una vecina que tenía la edad de su madre.

Esta señora advirtió el estado deplorable de Melania y en un instante la hizo recapacitar que con su belleza, estaba al alcance de su mano el transformar su presente de insolvencia en otro promisorio. Estas palabras recordaron a Melania que enfundaba una carga inenarrable. Ser inmigrante comenzaba a pesarle, junto a las quejas sempiternas y amenazas de abandono de su entonces concubino.

Melania, que por entonces era joven, creía que estar sin pareja era una punición. Ignoraba que una peor condena era permanecer con un cualquiera y por consiguiente, sentirse miserable con ello. Perpleja, descubrió en sí premisas que en un pasado le habrían resultado incomprensibles.

No importaba su exilio, ni que era adulta y mucho menos que tenía un novio al que poco le gustaba trabajar, quien asintió de modo jocoso al inicio de su opus con las cifras opulentas que ella generaría, mientras Melania se tergiversaba de que era un compañero.

Por otra parte, extrañaba el lazo inconmensurable e insustituible con su madre. Sintió que jamás podría prescindir de sus recomendaciones

Eran tiempos de aprensiones, Melania andaba martirizada por los desvelos, al residir esclava de presagios bélicos que podrían desatarse de modo espontáneo en la que era su patria. Amaneció desganada, contrario a otras mañanas en las que se negaba a satisfacer su desaliento, porque la representación de patinar era su estímulo más preciado. Fue incapaz de concebirse bienaventurada y se dejó llevar por los actos habituales.

Salió de su casa, saludó a los vecinos y se dispuso a deslizarse contra el viento sofrío de mayo. Efectuó diligencias, y sonrió forzadamente, mientras pretendía espantar al acoso permanente del adversario. Mientras todo le era un desagrado, en el momento preciso en que se prohibió el valor correcto a su vida, ahí, en la entrada a la pista, en la prueba del cruce de vía, fue embestida por un camión.

Lo auténtico de su integridad quedó al descubierto. Vació su mente desesperada, obligándola a tomar conciencia del instante presente, quizás para que recobrase la esperanza y solemnizara la revelación que le confería en sus sueños una voz masculina que musitaba, *Cada céfiro, hasta a mí te hará volar.*

Melania requería asiduamente el amparo celestial, puesto que bien sabía que su madre no merecía más intranquilidades. Ni un sufrimiento añadido le cabía ya a esa mujer estupenda, que desde niña había sido víctima de abusos, tanto psíquicos como físicos, de algunos seres ruines, así como de las iniquidades de la vida.

Bajo ninguna cognición, ni por su índole gitana, ni por su espíritu bohemio, ni por los sucesos ni las datas, ni aunque estuviera acogida por la algarabía o despavorida por la desolación, dejaba ella de pensar en su familia. Aunque el sol rebozara en su magnífico esplendor o una lluvia empañara sus ilusiones, ni aun así ella deseaba olvidarlos. Sentía con frenesí la condición de volver a lo que tiene una valía. De amarlos aún más, de rodearlos con sus brazos cuando los tuviera en frente, de vivir en plenitud la simpleza, de negar posponer la felicidad ni un día más.

El agua otoñal se apreciaba fría para zambullirse. Cargó entonces un poco en sus manos, lo suficiente para limpiarse el afligido rostro, e inhaló mientras tendía su cuerpo atlético en la arena refulgente. Deseaba hacer caso omiso a la conversación que había entablado con su vecina, intentaba dar inicio a la lectura de una novela. Melania sabía a ciencia cierta que los vocablos de esa mujer en el pasillo sujetaban verdades. Pero se forzaba a dilatar aquel inicio, aspiraba disuadirlo enfocándose en su lectura.

Pero al cabo de una semana rejuntó unas faldas junto a los zapatos más altos que tenía y armó su bolsa. Ascendió al autobús y arribó al club en donde la aguardaba su amiga, la vivaz Giovanna.

A través de un portal angosto de vidrio se adentró en el pasillo oscuro que la dirigiría al cuarto iluminado por profusas luces de neón, en el cual unas quince mujeres parloteaban al unísono en lenguajes desiguales, lo que imposibilitaba distinguir al menos una conversación.

Se sintió desconcertada al ver a tantas personas que se quitaban con naturalidad lo puesto, para quedarse desnudas y vestirse con ropas exóticas, mientras observaban a la recién llegada por el rabillo del ojo. Como única alternativa, Melania extrajo del bulto sus prendas y comenzó a dar inicio a lo ineludible, el también desvestirse, aunque con timidez y un nerviosismo, pues lo que vislumbraba en el espacio físico en donde estaba era una atmósfera violentamente nueva para ella.

Pero la apremiaba el hecho de que detrás de la puerta de aquel cuarto la esperaba un hombre blanco, calvo, de no gran estatura, con un ancho de cintura que abarcaba a dos cuerpos y una expresión dura en el rostro. Aquel individuo se llamaba John y desempeñaba la gerencia del local. Él era quien asentiría o negaría el empleo a Melania.

Sin más remedio, salió al encuentro de este personaje. Le siguió los pasos y ascendió unos breves escalones que la dirigían al escenario. A menos de la cuenta de tres, las luces se encendieron, sonó una melodía bulliciosa y sus piernas esbeltas temblaron a tal punto que sentía el choque entre sus rodillas. Pero a pesar de esa aprensión, como por arte de magia comenzó a bailar con su encanto de musa, mientras se deslizaba lo que mejor podía por ese piso ajado de madera.

Si bien en ese escenario no había telones pomposos, le trajo la remembranza de que aunque nunca alcanzó la notoriedad de su madre, ella también fue una bailarina de ballet. Entonces se preguntó qué rayos hacía allí. Pero del modo que pudo, dio movimiento a su cuerpo durante unos escasos minutos que le parecieron perpetuos, cuando súbitamente la música se detuvo y John le hizo un ademán que ella no comprendió, a un hombre barbudo de muy baja estatura, que se veía a través de la ventana de cristal de un pequeño cuarto.

Mientras acontecía aquel episodio entre ambos hombres, ella permaneció de pie con el cuerpo rígido y sudado. A continuación el gerente le habló en un dialecto que ella entendía con insuficiencia, pero captó la aceptación del individuo. Pese al alivio de haber desafiado aquel reto, se vio asediada por la aversión.

Mientras le aportaba recomendaciones del quehacer allí, su amiga Giovanna intentaba introducirla en aquel ambiente disoluto, al cual Melania no se sentía pertenecer.

Pero lo que más le espantó fue el cuarto a media luz situado detrás del escenario, contiguo al pasillo oscuro. Al cabo de un tiempo, sin perder de vista cómo las jóvenes entraban y salían contando billetes, un hombre la convocó a dirigirse a ese espacio oscuro, repleto de sillones desunidos por una leve distancia y vigilado por una figura masculina de raza negra.

Caminó junto a él en medio de otras tantas chicas con sus clientes respectivos. De igual modo que las demás, Melania se colocó en unos de esos sillones autónomos al lado de un sujeto. Se percató que una nueva música comenzó a sonar y de súbito, las mujeres se quitaban sus prendas diminutas para segundos después seducir a su cliente con sus movimientos, mientras le arrojaban sus cuerpos encima, algunas incluso sus senos en el rostro.

En medio de esa oscuridad imperiosa para acarrear a los hombres a la fogosidad, Melania abrigó vergüenza ajena mientras sentía un ardor en sus mejillas. Pero caviló que ésta era la condición para forjar ingresos significantes, puesto que el mero hecho de bailar en una plataforma unas nueve veces por noche no marcaría discrepancia entre un empleo regular y éste. Además, por cada uno de esos éxtasis que consagrara, captaría un porcentaje significativo.

Pero a duras penas logró ostentarse de pie ante su primer

interesado, mientras evadía mirarle a los ojos. Sintió una repulsión abrupta cuando la tocaron esas manos desconocidas. Los minutos que duró aquella escena le fueron eternos. Colectó el dinero, se vistió velozmente y se dirigió con urgencia al cuarto de baño.

Giovanna, bien versada en estos quehaceres, caminó detrás de sus pasos y le dijo sin regodeos que no había desempeñado bien su trabajo. Debería hacerlo sin dilemas, como todas las demás, o tendría que marcharse. Le añadió, "Piensa en el dinero. Y en cuantos hombres te han tocado de gratis. Así podrás hacerlo y listo".

Deseosa de que esa noche fuese irreal y sin darse cuenta del modo en que las interminables horas llegaban a su fin, dieron las cinco de la madrugada, con lo que su estreno ya se había formalizado. Era libre de marcharse a casa con su alma y su cuerpo hechos trizas. Pero la suma que produjo en esas horas equivalía a más de tres días de trabajo de limpieza en un hotel. Fue esto lo que en definitiva la condujo a darle nacimiento a su opus.

Entró a su casa con la impresión de que su cuerpo era inmundo. Tomó un baño y al acostarse al lado del personaje con el que convivía, le temblaron hasta las vísceras. Sintió una carencia de amor y respeto indecibles por él, lo que a partir de ahí mismo comenzaría a crecer una grieta entre ambos.

Desde esa noche puntual, se le agotó la partícula de admiración que aún le subsistía en algún extremo de su corazón lozano y entusiasta por ese sujeto unos diez años mayor que ella. Venía de la patria de su madre y tenía un carácter risueño. Pero era aprovechado y amante de la ley del menor esfuerzo. Su divisa era: "Hacer lo ínfimo para obtener más". Y si hubiese quedado alguna duda de las ambiciones de este caballero, toda vacilación quedó desenmascarada por su consentimiento y cooperación con el opus de Melania.

La existencia de ella se tornó desigual. Describía una doble identidad y en una de ellas, manos extrañas la palpaban mientras depositaban en su cuerpo el residuo de cada molécula de energía reprimida, junto al de la de la lujuria lóbrega añadida a otros pecados capitales que esos varones no disimulaban. A Melania le llevaría un considerable tiempo admitir una inferencia tan patética.

Noche a noche avistaba en ese local los descarríos más aborrecibles, los actos ignominiosos que aquellos hombres apetecían llevar a cabo con su cuerpo. Como si ellos no hubieran nacido de una mujer y ella fuese una muñeca de trapo sin corazón ni dignidad. La toqueteaban manos roñosas que buscaban hurgar en su vagina para que eso les provocara más fruición. Y al final, le dejaban la piel grasienta con una mixtura de cuanto olor rancio pudiera uno imaginarse.

Tal vez debido a la conmoción profunda que provoca el manoseo constante, la preferencia de muchas de sus compañeras era asentir a la penetración directa, pues aseguraban que era menos nociva. Pero Melania se decía que el fin no justifica los medios, lo que la contenía de acceder al sexo por dinero y mucho menos dejarse tocar sus genitales.

Con este último detalle era muy quisquillosa, quizás debido a que a sus siete años de edad un adulto la manoseó en su área vaginal. Fue una abominación que jamás le confesó a alguien. Un avasallamiento que resultó agitado por la memoria insidiosa cuando luego de añares volvió a ver el rostro inconfundible de aquel sujeto miserable. Un degenerado que encubría su morbosidad bajo la unión hipócrita del matrimonio y el sainete de ser padre de dos hijas, qué vaya a saber Dios si las profanaba sexualmente al penetrarlas con sus dedos inmundos, tal como hizo con ella durante una siesta en el patio de la casa de su vecina.

Muy de prisa sucedieron las noches. Melania se convencía de seguir los consejos de la experta Giovanna para poder lograr sus ansiados ingresos. Su idea era que logradas sus metas de capital, culminaría su opus y cerraría esta etapa como si no hubiera acontecido nada. Colmada de sueños, creía que esas huellas en su cuerpo y espíritu se disiparían en el aire con la celeridad de una pompa de jabón.

Las razones más frecuentes que inducían a las mujeres a emplearse allí eran la falta de documentos legales, la incomprensión del idioma y la escasez de recursos financieros para conseguir lo básico para la supervivencia en un país extraño. En otra condición se encontraba una minoría, la más afectada, que conformaba un grupo de chicas mártires de hombres explotadores que vivían de sus ingresos. No obstante ninguno de estos motivos atañía a Melania, ella como tantas era una de esas a las que llamaban bailarina exótica los sutiles, y prsotituta los desalmados.

Pero cualquiera fuese el motivo que las impelía a iniciarse, terminaban en una analogía dramática: a todas se les entorpecía rescindir de la sustancia más adictiva que jamás hubieran probado. Hecho el opus, hecha la trampa. Siempre había otro impulso para continuar allí. Un después que se transformaba en años de ahorrar, de remover cielo y tierra para que sus inversiones financieras prosperaran. Cualquiera fuera la prioridad, la finalidad era idéntica, poner su fe en que al poseer más recursos y tener mejor preparación, el futuro sería prometedor.

Cada madrugada, Melania y Giovanna regresaban juntas. Sobre una tabla contaban los billetes entre risas y lágrimas hasta que las sorprendía el alba. Entonces cada una se marchaba a descansar.

Melania sólo lograba dormir de tiempo en tiempo para despertar pasado el mediodía con el rostro hinchado y la sensación horripilante de que un camión había aplastado su cuerpo. Aún la perturbaba la persecución mental del eco de la música atronadora y de tantas voces que hablaban a la vez. Por ello, el recuperarse de aquellas sesiones le tomaba varias horas, en las que buscaba reprimir su espíritu y no convertirse en una cautiva de sus retos.

Pero el reloj no se detenía. La jornada transcurría sin clemencia y volvía a llegar la hora "D". Entonces, alistaba sus cosas con prisa, se dirigía a la estación de ómnibus y aguardaba en mutismo en aquel rincón al lado de la bahía donde sólo la luna la acompañaba. Con un efecto punzante en el área del estómago, viajaba en ese ómnibus con individuos de aspectos sospechosos y olores desagradables.

Se sentía indefensa en aquel vehículo, por lo que cuando le tocaba el descenso, inhalaba hondo y le llegaba una sensación de recobrar su autonomía. Cruzaba el bulevar y, sin pensar mucho en su cautiverio desalmado, traspasaba la puerta ancha del que amenazaba con ser su "nunca acabar".

Entrar allí era una apuesta de ruleta en la que lo más inaudito era posible. Una insólita caja de Pandora donde ponderaba la fantasía más inverosímil. Donde mientras la noche vertía sus hechizos y misterios, los personajes noctámbulos desvestían sus facetas. Ahí dentro, mostraban sus ansias más encubiertas al desdoblar sus personalidades.

Allí se encontraban muchos que sólo tenían dinero. Hombres que de no poseer riquezas, nunca habrían tenido el coraje de entablar contacto con algunas de estas mujeres. Otros, maliciosos y frustrados, que se regocijaban transfiriendo su amargura. Y los más benevolentes, ésos que pagaban por una compañía femenina. Seres magnánimos que carecían de afecto, que con un poco de lo que a ellos le sobraba, hacían la salvación más milagrosa en las noches de éstas mujeres.

Pero en aquella industria todo contaba con un valor monetario. Tal vez ese paralelo real pero deplorable sea la única coincidencia entre aquel mundo nocturno y el diurno, porque absolutamente todo tiene un precio en esta vida.

Lo áspero era oír aquellos vocablos de los que juzgaban sin causa que la labor desempeñada por esas muchachas era fácil y el dinero, vertiginoso de obtener. Nada más lejos de la realidad. Ignorantes eran quienes conceptuaban de manera tan displicente. Sólo el atravesar por una circunstancia te concede el entendimiento.

Si esos participantes en el arte de criticar tuvieran un átomo de altruismo, sabrían a ciencia cierta que la generalidad de estas mujeres anhelaba no estar allí. ¡Vaya que hay que ser audaz para trabajar en ese lugar! Si bien esto las beneficiaba económicamente, en otros aspectos las costas a pagar eran altísimas. No sólo se malversa el alma, sino que se erosiona el cuerpo, se usurpa la energía y se profana el aura, como para también tener que escuchar los desatinos de esos individuos.

Melania trabajaba raudamente. Las semanas pronto se le convirtieron en meses, mientras conquistaba lo que más había carecido durante la compleción de su fresca preexistencia. Pero al mismo tiempo, disipaba allí sus dones innatos como la espontaneidad y la simpleza.

Un buen día apreció un cambio en su carácter. De su natural algarabía pasó al solitario tedio del gravamen de cada aurora. Y tampoco dormía en las noches en que no trabajaba, pues asediaban su mente tendencias insanas que intentaba aplacar al asomarse en puntas de pies a esa ventana minúscula del baño para que la rozara la brisa del mar.

Con ello se extirpaba el frío espeluznante del aire acondicionado de ese lugar que le calaba hasta los huesos. Se olvidaba de la oscuridad permanente de ese local con la fosforescencia de las estrellas que resplandecían en el agua mientras fumaba. ¡Cómo si el humo de tabaco que la envolvía la aislara de su realidad y la llevara a una conexión auténtica con quien verdaderamente era ella! ¡Era Melania, no su nombre de guerra "Victoria"!

Melania nunca antes había bebido, pero en esas noches

sempiternas sentada en ese bar mientras a la espera de clientes derrochaba lo más valioso que poseía, "su tiempo", no encontró mejor aliado que el alcohol. Con ello le hacía la gracia a Giovanna, quien confesaba desinhibirse al beber y de tal modo le era menos difícil soportar aquello. La misma Giovanna que la juzgaba por su comportamiento muy rígido, aunque la admiraba por su disciplina.

A pesar de todo, aquel acto compulsivo sólo fue obedecer a su instinto para apaciguar la desazón. Pero su cuerpo produjo hábilmente un rechazo a esos abusos etílicos al detonarle un cansancio abrumador que le dificultaba el rendimiento físico.

Fue así que su pasión por el atletismo tuvo más peso. La bebida la hacía sentir ruin, pues para ella su estímulo mayor era consumir en cada jornada la destreza corporal en sus entrenamientos. Aunque cansada por los tacones, las trasnochadas, las cuantiosas horas laborales y el cuidado personal a la que necesitaba someterse, cada tarde practicaba lo único que la conectaba con la vida: el deporte. Entonces se dio cuenta del motivo inútil por el que bebía y abandonó el hábito.

De alguna manera aguardaba por alcanzar su objetivo diario en ese local cuando, entre muchos de los clientes que estaban allí, una figura se remarcó de forma sobresaliente. Era la de un joven de piel muy blanca, vestido con elegancia, aunque el color amarillo de su atuendo era poco frecuente.

Sin vacilaciones en su caminar, el joven dio pasos firmes hacia Melania, enunció su admiración e interés por ella y la tomó de la mano mientras la conducía al cuarto a media luz. Este muchacho provocó su asombro, no sólo al invertir una gran suma en ella, sino que hasta entonces era el primero que conocía que encarnaba humanidad.

Compró la compañía del cuerpo de Melania por una hora, pero sin el intento escabroso de hurgarla. Persistió sentado inmóvil en aquel sillón añejo, sin agitar siquiera sus manos níveas. Si bien ella originaba las contorciones más sensuales, este individuo era un contraste con la demanda mayoritaria de los hombres en aquel lugar. Tal conducta la llevó a preguntarse qué buscaba ahí ese muchacho.

Cumplida su labor, Melania recaudó la suma acordada y sintió un alivio regenerador, puesto que había sido socorrida por la indulgencia de ese samaritano. Hasta entonces había sido su noche más fructífera y cabría señalar que también había sido la menos afligida. Fue una de esas sesiones a las que señalaba de "milagrosas".

Se dirigió al tocador con la intención de relajarse un poco, pues ya el cansancio se le hacía notorio. Perdió la noción de los minutos que se sosegó allí. Cuando renovó sus energías para las varias horas laborales que aún quedaban por delante, se vio arremetida sorpresivamente por la figura convulsiva de su amiga Giovanna, quien le informó que el sujeto de atuendo amarillo esperaba por ella en el salón.

Esta desconcertante noticia llevó a Melania a apresurar sus pasos. Ahí en el extremo derecho del bar, contiguo a la puerta de salida, estaba el muchacho, que sonrió al verla mientras le murmuraba que tenía algo más para ella. El joven tomó la mano de Melania y le colocó sutilmente algo. Sin concederle tiempo para enunciar una palabra, ni mucho menos reparar en lo que le había entregado, el joven la besó en la mejilla, abrió la puerta y desapareció presuroso.

Esta actitud dejó a Melania sin habla, pero su impacto fue aún mayor al ver cuantiosa suma de dinero que el joven le había obsequiado. Contenta, volteó la mirada hacia el salón en busca de la figura inconfundible de Giovanna, cuando cayó en cuenta que estaba en la mira de muchos de los trabajadores del local.

Giovanna se le acercó con un lenguaje corporal de inquietud, la tomó del brazo con la intención de preservarla de los indiscretos y la llevó al cuarto de baño. Allí la impulsó a contar el dinero y se encantó de la buena estrella que había asistido a Melania. Tantos billetes de inmediato en sus manos y la compasión de ese extraño le empaparon los ojos y su maquillaje rodó por sus pómulos.

Melania soltó al vuelo las alas imaginativas de su alma por lo que le proporcionaría aquel ingreso. ¡Contaba en su haber tanto por plasmar! Podría ver a su madre, a quien llevaba un año sin estrechar, ascenderían las cifras de su cuenta bancaria y podría complacer también su avidez por las ciencias ocultas, como el esoterismo.

En sus exiguas horas libres, Melania iba a la biblioteca pública para deleitarse en el escrupuloso detalle de elegir los libros que le facilitaban, mientras prestaba atención a la diversidad cultural que determinaba la ciudad. Entonces daba inicio a una silenciosa caminata sin pausas por la costa, con esos libros en el bolso que colgaba de su hombro y la ansiedad de devorarlos en un cerrar y abrir de ojos.

Su inhábil juventud le ensombrecía su perspicacia, le reprimía estimar que lo único que nunca se recupera es el tiempo. Así que para Melania y su inopia, todo le presumía de una espera acompasada. Pero también le ahondaba ineludiblemente una sensación de algo vano. Aquella profesión era la antítesis más perceptible de la libertad.

Como si nada mudara de aires, acaecía el tiempo. A pesar de su adultez, mucho atraía el desconcierto de Melania. Es que antes de su viaje era como si hubiera vivido en un globo diáfano. Apegada a su familia, a sus amigos de la infancia, a otros del conservatorio y poco después a su prometido, con quien planeaba pasar juntos hasta el final de sus días.

Por ende, le resultaba anómalo todo lo que advertía fuera de ese mundo, como la conducta de sus compañeras que consideraba trastornos de personalidad. Como muestra, Melania conceptuaba inaudito que cualquiera intentara tantear sus partes íntimas. Tampoco gustaba del modo descompuesto en que se gesticulaban unas a otras. Sin contar el caer en el abuso de estimulantes como el alcohol y todo tipo de narcóticos.

Entre la afluencia de parejas heterosexuales que frecuentaban el lugar de trabajo de Melania, había una particular. Ambos integrantes parecían afines. Uno y otra eran bien parecidos y de figuras esbeltas. Ni bien se hacían presentes en el club, sus apariencias preponderaban. En estado apaciguado, adoptaban su postura en una mesa mientras miraban por el rabillo del ojo a cada bailarina, pero a la vez rechazaban la compañía y servicio de las tantas que hacían sus ofrecimientos.

Al cabo de unas horas de permanencia, ambos se disponían por fin a llevarse alguna al cuarto de media luz. Y el caballero disfrutaba comerse con la vista la escena de otra mujer que acariciaba a su prometida. Pero como parecía que aún no encontraban lo que buscaban, la pareja retornaba cada semana, y en algunas ocasiones permanecían sentados a secas a esa mesa pequeña del centro del salón, justamente ubicada al frente del escenario.

Pero una noche en que Melania meneaba su silueta ahí arriba sobre esa superficie de madera, el joven se le acercó con embeleso y mientras sonreía, le colocó algunos billetes en sus bragas. Ella los enjuició como hermosos, pero insólitos.

Hasta que un día ambos solicitaron sus servicios. Mientras la una y el otro la contemplaban, Melania tejía en su mente el sigilo que a ellos atañía. Después se acariciaban entre ellos, hasta que al concluir, quedaba en estado de incertidumbre cuando la pareja se disponía a una retirada.

Cabía destacar que ellos jamás pidieron más de dos canciones en aquel cuarto de opacidades. De tanto en tanto ocurría el instante en que causaban una proximidad con Melania, incitándola a lo que ella eludía, su primera inmediación intrínseca con una mujer.

Conforme la pareja se ubicó en uno de los asientos, Melania empezó a bailar mientras dilataba el acercamiento a la joven. Le era menos incómodo rozar su cuerpo sobre el del caballero, pero él la indujo con cautela a que lo hiciera con ella.

A Melania le resultó perturbador arrimar, aunque fuera en un breve instante, su pecho al de la joven, y al ser asaltada por la pavura, cerró sus ojos. Era otra inferencia que le parecía inadmisible, el que las mujeres se sintieran atraídas por ella.

Era cierto que se encontraba en una circunstancia inédita, pero para su fortuna, la joven pareja no empapaba su largo y delgado cuello con la saliva mugrienta de una mezcolanza de algún narcótico añadido al alcohol, ni mucho menos pretendía tantearla. Sólo él tocaba con una de sus manos los genitales de su pareja, que se había entregado a un éxtasis consumado sin crear ademanes, mientras que con la otra acariciaba la blanca espalda de Melania.

En una ocasión, la pareja compró el cuerpo de Melania por cuantiosas baladas. A coro pronunciaban la preciosidad que encontraban en ella. Oírlo derrumbaba su timidez, puesto que desde siempre la hastiaban complejos sandios. Con una actitud que podría decirse vergonzosa, recogió su dinero, se despidió con prisa del dúo y se ocultó en el cuarto de baño, donde nadie la irrumpía.

Su formación católica romana la tiranizaba y condenaba como una profana. Se profesó señalada e inmunda. No bastaba que con el fin turbador de ganarse la vida se hubiera transformado en una bailarina de cabaret, sino que también estimulaba concupiscencias en otras mujeres.

En lo que a su sexualidad atañe, Melania era femínea, apasionada y de gran entrega. Era considerada en consentir a su compañero, pero no toleraba que éste saltara del lecho inmediatamente después que habían consumado el acto.

Ella se reflexionaba conservadora. Creía que dos eran suficientes para el episodio erótico y que para lograr el placer, incumbía a ambos adquirirse de forma natural. Por ende, no consideraba libertinajes ni masturbaciones. Para ella, sus genitales eran una ermita. Era agraciada en la relación de erotismo que mantenía con su pareja, que algunos consideraban como la raíz de su lealtad amatoria.

Debido a los conceptos antagónicos con los que vivía cada noche, una y otra vivencia la arrastraban más y más a la interpelación inquirida de los porqués de la disconformidad humana. Una de las chicas la cuestionó por sus entelequias, afirmándole que de seguro ella las tejía en su imaginación. Con el intento de persuadirla para que le hiciera alguna confesión, la chica le añadió que se encontraban en el lugar exacto para efectuar cualquier fantasía.

Melania estimaba que la demencia asechaba a muchos allí y creía dilapidar su cordura con tantos episodios y acotaciones. Parecía una novicia escandalizada que jamás hubiera tenido contacto con otras que no perteneciesen a su convento de clausura. Y es que si bien ponía de su parte un recio empeño, no podía actuar como el resto.

Una noche de martes al comienzo de su jornada, cuando se dirigía al salón principal, captó su atención un enorme ramo de rosas amarillas posado en el bar. Dejándose llevar por su gusto en demasía por las flores, se acercó a ellas. Cuando intentaba desplegar su tacto, sintió el calor de una presencia a sus espaldas.

Volteó de inmediato y vio que el responsable de semejante ramillete era aquel mismo muchacho de piel blanca, otra vez de atuendo particular. Una atónita Melania respondió con una sonrisa afable. La reacción del caballero fue abrazarla mientras tomaba el ramo de rosas para depositarlo en sus brazos.

Habrían transcurrido unas cinco semanas desde que se conocieron, cuando él retornó sorpresivamente, lo que provocó en ella un asombro inenarrable. Debido a que no mezclaba los asuntos personales con los laborales, la bailarina bien sabía responder a su otra identidad allí adentro y hacer uso propicio de su actuación, pues el fin era financiero y no despertar ilusiones románticas.

Tampoco esperaba cortesías de alguien, pues su amiga Giovanna le había detallado que dimitiera de las sensibilidades, que no delirara con hacer amigos, mucho menos con encontrar allí un príncipe. Que debía ser tajante para despojarse de su baúl personal al adentrarse en el club. Y posterior al desempeño, anularlo todo, marcharse a casa y con el agua que lavaba su cuerpo, también drenarlo todo.

Pese a estas advertencias, la realidad se presentaba tramposa. Aunque Melania no conjeturaba ni por una fracción de segundo que otro se enamorara de ella, mucho menos esperaba un engaño. Partícipe de esa escena, recibió atónita el obsequio como en un cuento de hadas, respondió al muchacho con una caricia en el rostro y articuló no más un vocablo, "Gracias".

El primer pensamiento que inquietó su mente fue qué haría con ese descomunal ramo de rosas, porque bajo ocurrencia alguna podría trasladarlo a su casa. Posterior a eso, trató de divagar sobre la imaginación del muchacho, pues se sentía foránea a cualquiera que fuesen sus expectativas. Tampoco cabía creer que en aquel sitio un hombre proveyera algo sin expectativas.

Aquella peripecia la incomodaba. Así que cedió sin titubeos el ramillete a la señora que asistía a las bailarinas en sus menesteres, como los arreglos de prendas, el maquillaje, los peinados y adoptaba en varias ocasiones la posición de terapeuta. A esa mujer, intencionadamente de edad avanzada, se la llamaba "house mom".

El suceso del que era partícipe Melania revolucionó a las demás. Algunas siguieron sus pasos veloces hasta el camerino, atormentándola con pesquisas acerca de las flores y el cliente. Sus compañeras comenzaban a considerarla como alguien particular, ya que en tan poco tiempo había despertado el alborozo en varios parroquianos. Incluso la nombraban en sus efemérides para atraer la buena fortuna.

Melania expandía el destello cristalino de su alma hasta en el lugar más sombrío. Su integridad era la prueba fiel de que la oscuridad no puede con la luz. Pero su éxito incitaba otro de los pecados capitales en esas mujeres, "la maléfica codicia", algo que la hacía preocuparse para no caer en ello.

Así que al responder con humildad "que nada especial había acontecido, que era sólo un obsequio", deseó disuadir al grupo ahí reunido y retornar a su labor. Cuando pudo reincorporarse, caminó hacia el salón y divisó la figura del caballero entre el resto de la clientela.

Al ser una novata en el arte de la persuasión, a Melania le parecía inconcebible que él permaneciera ahí pese a que lo trató con cierta frialdad. Simplemente desconocía como bregar con ello. Temió a lo que podría sobrevenir, puesto que no cabía ignorar al joven, pero también debía echar manos a su opus. La noche avanzaba y ella aún no había generado un céntimo.

Deliberó profusamente en los pasos fugaces que dio. Le quedaba claro que para transmitirle la memoria de sus huellas, el cliente apetecía halagarla con el obsequio. Pero quedaba la incertidumbre de que éste fuese a pagar por el cuerpo de Melania, el objetivo que a ella la llevaba a retornar cada noche al cabaret, mientras anhelaba que un samaritano, o quizás varios, gastaran una gran suma en ella.

Sin perífrasis en su andar, se aproximó al muchacho, que según la carta que acompañaba a las flores se llamaba Alí. Tomó sus manos, le expresó su agradecimiento por el ramillete, intentó calmar su ansiedad y le explicó que todavía no había leído su misiva, que lo haría en otro lugar y momento, pues debía trabajar. Y con un suave beso en su mejilla, se apartó de él.

Pero poco después, mientras dialogaba con otro cliente, sintió la sensación de que alguien la vigilaba. Levantó su vista y divisó la presencia de Alí que bebía en el bar. Pensó en regresar con él, pero le temblaban las carnes de tener que arrepentirse más tarde, ya sea por malgastar su tiempo en el negocio o por ilusionarse con el muchacho.

Luego de razonar, volvió a poner esmero en el público presente, pero no conseguía el éxito. La convocaron a bailar en el palo, y al descender de una de sus destrezas, vio que virilmente de pie, Alí la aguardaba con una sonrisa insinuante y algunos billetes que colocó en sus bragas.

Melania concluyó su presentación. Bajó insegura al piso, secó su sudor, calmó su nerviosidad y vistió su cuerpo donairoso. Se dirigió hacia Alí para retribuirle su generosidad, puesto que la suma depositada en sus bragas era abundante.

Alí no se rendía de seducirla. Pero Melania pensaba que la aptitud del joven para estar en esa atmósfera no era más que una fantasía. ¿O es que Alí intuía que Melania integraba un segmento de aquel tiovivo sin pertenecer a él?

Una tras otra, las noches proyectaban hechizarla conforme se inmiscuía en ellas. Aquel mundo la alborozaba con sorpresas, con esa fracción de la sustancia adictiva que buscaba enmarañarla hasta más no poder.

En el correr de los meses, la pareja encantadora y otros clientes sólo retornaban por ninguna más que por ella. Si bien por esos tiempos Alí había dimitido a conquistarla, emergió Jack, un sueco apuesto de piel blanca y un cabello tan renegrido que exaltaba el matiz azul de sus ojos. Disímil de Alí, el sueco hablaba a la perfección el idioma nativo de la bailarina, lo que la encandilaba.

Para su desdicha, Melania cayó en las estratagemas seductivas de Jack. Al margen de que él se comunicaba con exquisitez verbal, ella se sentía atraída corporalmente. Pero con la raigambre de una religiosa, ella trataba de mantenerse inmune a sus artimañas amorosas. Melania sabía que sentía en la zona de riesgo al concebirse vulnerable cuando desempeñaba su labor.

Jack la llevó a casi perder el juicio. Mostraba su astucia al abrumarla con idas al cabaret que perturbaban el trabajo de

Melania, sin favorecerla en nada más que no fuese su extravío. Creaba promesas con el fin banal de llevársela a la cama. Pero luego de muchos juramentos no cumplidos, Melania pudo quitarle el velo.

A partir de entonces se forjó llena de coraje la promesa de no caer en las fábulas de ningún otro. Cercenó su pureza y desertó de su altruismo. Comenzó a contemplar al mundo con cifras, tal como lo hacían con ella misma. Y ése fue el punto de partida para generar ingresos como una máquina.

Cuando rebasaba la luz del alba fuera de aquel lugar, sentía difícil deponer su nueva identidad allá adentro. Pero lograba echar de sus hombros la rústica carga de su otra identidad que aceptaba sólo como un antifaz. A pesar de todo, ¡ella seguía siendo Melania!

Con esa imprecisión se extinguió su primer año en el opus. Con entereza le había concedido tiempo al tiempo.

Pero ahora el corazón le palpitaba como asomándose del pecho en aquella sala helada de arribos del aeropuerto. Con el alma en un hilo esperaba la aparición de su madre. En el momento intransmisible en que la vio, corrió como chiquilla a su encuentro. Con ella toda elucidación era innecesaria, porque conocía su totalidad y tan sólo la amaba. Acurrucándose en sus brazos, Melania se vio inundada en sollozos de júbilo.

La contención de su progenitora repercutía intensa en ella con la idea de la disolución de su pareja. Esa dama que le otorgó la vida, le reponía su fortaleza y la rebosaba de confianza. Ya Melania juzgaba áspero su trabajo como para también tener que envejecer en la salvajada de la convivencia con uno a quien ya no le progresaba ni un rendibú. Con el que ya era una leyenda aquello que se llamaba "amor". Alguien a quien su espíritu no reconocía más como su otra mitad.

Pero numerosos pasajes le quedaban por desenmarañar a esta joven, que con aticismo se había desplegado de un continente al extremo del otro con la noción de ser una nómade eterna.

Sucedió que por influencia de ese dúo que la rondaba en el club, dispuso probar fortuna en otro local con el que no cabía comparación. Pero hasta allí transfirió un conflicto íntimo. Jamás había hecho desnudos en público. Aunque se había exhibido en bragas, cubría sus pedúnculos con gel para proteger la aureola. Por ello, no imaginaba como haría para ostentarse tal como llegó a este mundo.

El otro local era un cabaret para el cual Melania, conforme a sus peculiaridades físicas, poseía el perfil perfecto. Un paraje donde las mujeres se vestían con solemnidad y se las exponía a revisiones implacables, como la toma de medidas, estatura y peso en los momentos precedentes a dar su audición.

El sitio era colosal. Habría que destacar que al administrador ni le temblaba la mano para despedir a las que no calificaban de acuerdo a sus dictámenes. Era un personaje llamado Peter, de modales altaneros y aires prepotentes hasta en su caminar. Pero a Melania la custodió su buen hado y resultó escogida.

Luego de haberse desvestido totalmente ante ese sujeto, quien aprobó su audición, se dirigió al camerino mientras sentía una abominación indescriptible hacia su dignidad. El opus la llevaba al costo moral más alto que hasta entonces había experimentado.

Al adentrarse en ese cuarto, que lucía como un corral y desentonaba con la opulencia del club, se topó con otras dos bailarinas que por sorpresa eran originarias de la patria en donde ella creció. Esta señal le hizo sentirse menos forastera.

Comenzó su maquillaje con el resalte de sus ojos. Optó por un vestido de color almendrado que le asentaba a su piel bruñida. Calzó sus tacones y con un porte de alteza, se introdujo en el salón. Era una noche de domingo la que ella misma escogió para cambiar de lugar de trabajo. Deseaba no verse intimidada por demasiada clientela, así como por las muchas mujeres que trabajaban allí.

Sólo en dos mesas había ocupantes. En una se habían reunido las muchachas, que entre parloteos, tragos y cigarrillos aguardaban a que alguien viniese. Y en la otra, un caballero solitario de aspecto refinado sostenía una copa en su mano.

De improviso, sus ojos concordaron con los de Melania y ella provocó sin oscilaciones el acercamiento. Él, encandilado por ella, se puso de pie y sin intervalos, le hizo el ofrecimiento de llevarla a un cuarto privado. Ya no se trataba de un salón compartido. La oferta era para pasar una hora ambos a solas, en un espacio al que ningún otro tendría acceso.

Afligida, puesto que hasta entonces había renegado a tentarse por tal sugerencia, le explicó los servicios que prestaba. Pero de igual modo él insistió a pagar por contemplar en solitario su figura.

Un poco boquiabierta por su suerte de principiante, ambos

siguieron a uno de los hombres de seguridad del cabaret. Aquel australiano robusto los dirigió al cuarto, recogió la cifra de comisión del local, los introdujo allí dentro y les recalcó que al cabo de una hora vendría. Previo a su desaparición, dejó entrar a la camarera, quien cargaba una ostentosa botella de champaña junto a unos platillos de fresas.

Aquel escenario del cuarto apartado, la seguridad del local, ese despliegue abrupto de dinero, el símbolo de que estaría encerrada allí con un cliente durante sesenta minutos y peor aún, el pensar en beber, atormentaron a Melania.

Pero al parecer, a la bailarina la constelaba un ejército angelical, porque el caballero no pretendió ni por un momento palpar su órgano reproductor, ni mucho menos hacer sugestiones de sexo. Melania consideraba inverosímil que esa buena alma hubiese pagado una cuantiosa suma por el mero hecho de mirarla bailar y de a momentos, pasarle sus dedos por sus pequeños senos y besarle su atlético dorso. Él la contemplaba con embeleso, mientras corría su tiempo comprado.

De tal modo realizó su debut en el nuevo puesto de trabajo. Los ingresos superaron cualquier jornada de los doce meses previos en su opus. Aún incierta, comenzó la cuenta de sus billetes, pero para su sorpresa, detrás de ella estaban las otras mujeres con actitud suspicaz.

Esto le trajo la remembranza de la atmósfera de codicia que la rodeó en el otro club en la noche de las flores de Alí. Al parecer, querían descifrar el hálito clemente que protegía a Melania, quien atraía los muníficos de los que se complacían con su compañía mientras le pagaban sumas extraordinarias.

Condujo hasta su casa. Atravesó aquel viaducto magno y gozó de ese instante a solas al permitir que el céfiro le rozara el rostro y acariciara sus cabellos. Con el deseo de que el viaje no tuviese fin, dilató el ingreso a su casa. Al adentrase, escondió el efectivo que traía consigo y arrojó sus bultos a una mecedora, ya para entonces vapuleada por la emoción de hartazgo.

Al fin y al cabo, la entereza de su coexistencia era una omisión constante. En sigilo disimulaba entre risas y lágrimas cada reconcomio, cada ilusión. Contrario a otras auroras, se encerró en el cuarto de baño y sumergió su figura en la tinaja para resarcir su cuerpo agotado. No quería oír resonancia o voz alguna más que su propio resuello. Intentó rezar, pero había olvidado el modo en que se lo habían enseñado. Entonces se quedó dormida...

De repente advirtió una luz que encandilaba sus ojos y la enteraba del amanecer, mientras sentía unas manos sobre su cabeza. Tomó consciencia de que se había entregado a un sueño profundo. Asumió el sobresalto de ser irrumpida por su concubino, quien aunque intentaba calmarla al sostenerle, no contuvo su ofuscación.

Entonces fue para Melania el momento oportuno para decirle que ellos ya habían extendido de modo más que desquiciado su convivencia, por lo que le pedía que se marchara de su lado. Pero como era de esperar, él se obstinó con interrogatorios y reclamos, pues no estaba dispuesto a dejar partir a la gallina de los huevos de oro.

Por primera vez este parásito empleó sus ímpetus y zarandeó el pequeño cuerpo de Melania. A continuación le depositó cruentamente las manos en su rostro y la magulló contra la pared. Ella recurrió a sus fuerzas para impedir que la asfixiara. Pero el forcejeo pareció estimular los escarnios que el estólido profería. Melania cayó en un desvanecimiento, mientras en su mente y en su alma quedaba el eco penetrante de todos los denuestos que él pronunció.

Ella debió aprender a curar sus heridas físicas, pues las espirituales tal vez sólo el tiempo las remediaría. De nada tenía certeza al cargar con los soflamas de la golpiza y con su opus que le subsistía su vida.

Luego de este episodio, Melania recurrió a quienes la estimaban. Llamó a Giovanna y a su madre, quienes con ternura la acogieron en su casa para que durmiera allí esa noche. Posteriormente fue Jen, una de sus compañeras de origen brasileño varios años menor que Melania, pero que se apoyaba mucho en ella por su dependencia narcótica. La sudamericana buscó retribuirle la estima y le arrimó el hombro para que encontrase una vivienda donde instalarse.

Al haber huido del lado de ese personaje, Melania se figuraba una vida naciente en la que trazaba que sería dichosa. Para ello lo poseía todo: un aura iluminada, una figura prodigiosa y una tenacidad de inmortal.

Con la benevolencia de esas tres mujeres, acopió sus prendas junto a las fotos de su parentela, puso en marcha su automóvil y salió de naja con la esperanza de su olvido y renacimiento.

Ya en estado de libertad, abrió la puerta de su nuevo hogar y contempló el excelso océano que circundaba aquel espacio en un séptimo piso, frente a ese viaducto que parecía haber sido bosquejado por un arcángel. Con un ánimo como nunca, apreció el control de su vida y abrigó un amor egregio. Se aproximó a esa ventana que invitaba al gozo del paisaje y sonrió al traer a su mente el ícono nítido de su familia, a la que añoraba a su lado junto a ese espectáculo sublime.

Bajo estado de gloria, se entregó a la epopeya de las melodías que amaba, aunque le avivaban esa melancolía que jamás abandona a un expatriado. Aun así se sintió feliz. Envolvió con ternura su propia alma mientras curaba las cisuras de su rostro. Se deslizaba desnuda por su casa plenamente vacía, alumbrada por la luz franca de la luna llena de la segunda noche del verano. Con sensación de embriaguez, expandió su cuerpo por la alfombra que recubría el piso y tuvo deseos de volver a al intento del arte de orar, pero a duras penas recordó algo de lo que las monjas le habían enseñado en su niñez.

Poco a poco las dolencias y los hematomas comenzaron a esfumarse de su cuerpo. Mientras tanto, una avergonzada Melania soslayaba mostrarse en demasía. Cubierta con gafas de sol y una bandana azul sobre su abundante cabellera, pretendía esconder las heridas en su semblante.

Llenaba su vacío con horas en la biblioteca, hacer sus menesteres caseros, adquirir algunos muebles para su morada incipiente y cerca de la finitud de cada día, acudía al socorro de la playa para contemplar las puestas de sol. Nadaba apaciblemente para que la sal cicatrizara sus magulladuras.

Transcurridas dos semanas de aquella mañana brutal, conceptuó que había utilizado de forma prudente el tiempo para recuperarse y resolvió reincorporarse a su empleo. Aquella incidencia de la golpiza fue lo único que la separó algunos días de su oficio, porque desde que pisó el suelo australiano, nunca había parado de trabajar.

En el instante preciso en que se hizo presente en el cabaret, abrigó una identidad ajena. Echó un vistazo al espejo y no obstante que las incisiones en su rostro ya no eran tan notorias, sacó de su bolso los cosméticos y comenzó a maquillarse. Pintarrajeó su semblante a más no poder, mientras hacía el voto de que desde ahora en adelante no habría nacido otro que la apalease.

Eligió el mejor de sus atavíos, vistió su figura y calzó sus tacones. Era una noche de celebración, pues estaba de regreso y honraba la vida. Pero esta vez aguardó en el camerino hasta que la llamaron al escenario. Llegado ese momento, desplegó sus pasos seguros y ascendió sonriente a la plataforma mientras sentía la música en cada una de sus células y bailó con frenesí junto a un estoicismo que le esfumó la aversión.

Minutos antes de ultimar su espectáculo, se le aproximó un individuo que, sin enunciar palabra alguna, colocó cuatro billetes de alta denominación en sus bragas. Esto la llevó al desconcierto, pues esa cantidad igualaba la ganancia de uno o hasta dos días. El hombre había surgido junto a la tarima para después desaparecer con la fugacidad de una estrella. Tal vez se sintió atraído por el halo mágico de la faena que ella había desplegado.

Las tipologías de los personajes encontrados allí eran inimaginables. Hasta en su lenguaje corporal mostraban un desatino interno, un yerro humano insondable que les impedía exorcizar los vacíos que ni el atuendo más dispendioso o el licor más extravagante podían ocultar. Ahí dentro, en ese orbe, se emplazaba la cuita de la opulencia, la obsesión por el poder y el dinero, y la egolatría a la potencia suprema, que era lo más alejado de la veracidad de la esencia.

Una debía armarse de un caparazón eficaz para permanecer entre los deslices, el aturdimiento y el drama infaltable de cada noche allí, mientras la compasión por esa fauna disuadía a pasar los detalles por alto.

El inicio de cada jornada laboral era una constante en que las muchachas se sentaban a una mesa para, como alternativa de relajación, beber, fumar y chismorrear, mientras se despojaban de su carga personal y tomaban coraje para adentrarse en el protagonismo del opus.

Melania se cautivaba con las que se apartaban a algún u otro rincón del lugar con el deseo de pasar inadvertidas. Entonces, se aproximaba a alguna de ellas para romper el hielo de su mutismo.

Había una joven llamada María con la que entabló afinidad por las similitudes que tenían, pues ambas eran mediterráneas y expatriadas en su infancia. Si bien a Melania le resultaba inaudita la amargura de María, tampoco era capaz de ignorar la conmoción que su amiga destilaba en cada paso. Le intrigaba demasiado el que, según el juzgar ajeno, ambas poseían lo suficiente como para ser felices.

El tiempo hacía su labor para que lo periódico amparara confianza. Escrita está la atracción de las semejanzas, así que florecieron dentro del cabaret perfiles grupales que compartían actividades extra laborales. Y así, aunque a Melania le hastiaban los clubes nocturnos, en no más de una oportunidad concurrió con otras muchachas a ellos.

Pero a su parecer, frecuentar esos sitios le traía a cada célula el escenario de su opus. Todo yacía idéntico, la música, la multitud y hasta los diálogos insípidos que los hombres originaban por lograr un acercamiento. Por ende, en vez de pasear por uno de esos clubes, Melania escogía una y mil veces asistir al trabajo, pues aunque el círculo no concluyera, al menos generaba ganancias sin tener que soportar gratuitamente vulgaridades.

Este rechazo fue mayor al salir con María. Si bien de alguna manera ambas participaban en la libídine de la noche, las dos pertenecían a la luz diurna. Paseaban por los parques de la ciudad y abatían sus cuerpos en las hierbas. Daban gráciles caminatas por la costa mientras soleaban sus contornos agradablemente modelados y convergían en sus utopías.

Conforme adquirió confianza, Melania le preguntó a María la causa por la que parecía constantemente afligida. Con el sello implacable de la tristeza en sus ojos hermosísimos y la ausencia de una sonrisa en su bello rostro, María movió su cabeza, inhaló profundo y mientras empapaba sus ojos con una desazón enorme, le respondió, "Mi tristeza acérrima se la debo al opus".

Esto dejó sin palabras a Melania, quien se lamentó de aunque sin malicia, había tratado de desnudarle el alma. Se disculpó por su atrevimiento, pero María la interrumpió al señalarle que le sería imposible hallar una forma concreta en su vida mientras continuase con su despliegue en ese oficio.

Si bien a Melania la conmocionaron esas hondas confesiones, a ella no la había apresado aún una desesperanza tal. A pesar que desconocía de dónde y cómo obtenía pujanzas para continuar, tenía la probidad de ilusionarse cada nuevo día con tan sólo contemplar la luz y permitirse rozar los pies con ese océano venerado.

Melania jamás detenía su sentido analítico y a todo le añadía un justificativo. Asimismo, le era arduo comprender el motivo que mantenía a María allí dentro, si ni siquiera los lucros le eran ventajosos debido a la deplorable relación que mantenía con cierto sujeto.

El individuo llegaba algunas noches al club y se sentaba a una mesa retirada para observar como trabajaba María. Es decir, era una tortura por partida doble. Increíble parecía que una muchacha con tantos atributos fuese mártir de sus propias debilidades.

El local yacía repleto, pero incluso al ser muy solicitada por los caballeros, Melania hizo uso de un breve aislamiento y se sentó junto a la barra menos iluminada, donde no muchos acudían. A menudo se instalaba allí para echar una parrafada con Larry, un barman cincuentón de aspecto esquelético debido su vetusto consumo de drogas y alcohol. Pero este norteamericano poseía un temple carismático y además, cada noche le daba un billete de sus propinas a Melania como talismán de buena fortuna mientras reían juntos.

Al rato de sus parloteos y del escándalo a su alrededor, en un momento ladino la bailarina abstraída hizo conexión con su interior. Luego de quince días en los cuales no había estado más que con ella misma, la multitud comenzaba a sofocarla en su regreso, mientras que a la misma vez, su soledad interior la enajenaba con su perversidad. Cada mano que la rozaba la estremecía, pues aún aglomeraba despojos de terror a ser vapuleada.

Ensimismada en este abismo y asediada por las sombras de su espíritu, se vio tentada como nunca antes por experimentar con la cocaína. Melania caminó entonces hacia al cuarto de baño en busca de su amiga Rose, quien después de una harta insistencia, era seguro que compartiría con ella su dosis diaria.

A pesar de sus repudios a los narcóticos, Melania hizo tripas corazón y le solicitó una fracción a Rose. Pero al tratar de encajar el tóxico hasta la hondura de su nariz, pensó en su madre, adquirió la lucidez de la cognición, desistió del acto y arrojó la droga al sanitario. Acabó en sollozos profundos, pero sabía que si entraba en ese camino, éste era sin vuelta atrás.

Con una sensación de fatiga en todo el cuerpo y con el alma que le colgaba en desconsuelo, Melania pidió retirarse antes de culminar su turno. Condujo enfurecida en llanto cuando antes de culminar el paso por el puente, la detuvo un policía a causa de su alta velocidad, con lo que la mitad de sus lucros fueron a abonar las costas de la sanción.

Esa madrugada la pasó en vela mientras trazaba sus huellas entre el lecho y el balcón. Fumaba a más no poder mientras aguzaba sus sentidos con el festín que daba ese gentío en el parque del frente. Comparó la complacencia ajena con la inexistente en su contexto. Su única indulgencia fue el lenitivo del amanecer, ese soplo mágico en el que el sol desplegaba su misterio desde el fondo del mar. Y ante esa divinidad que la envolvía, absorta como en estado de trance, cayó en un sueño profundo provocado por los matices solares.

Cortó su descanso la campanilla del teléfono. Tomó contacto con la realidad y corrió del balcón a la sala para oír la voz enardecida de la madre de su amiga Rose. La señora, además de poner al corriente a Melania de que ya eran las cuatro de la tarde, indagó con llanto sobre su hija.

Melania súbitamente recordó la efigie de ese individuo junto a Rose en un rincón apartado, mientras ambos se enviciaban hasta el hartazgo. Sin dudas, se habrían marchado juntos del cabaret. Pero titubeó entre si su amiga había asentido a irse con el sujeto bajo voluntad propia, o si él la había forzado a hacerlo.

A Melania la condujo al desasosiego el sentimiento de esa madre. Pero a pesar de estar ambas desarraigadas de su paz, tenían que esperar a que Rose diera señales de vida, pues hasta unas ocho horas más no podían reportarla como desaparecida a la policía.

A pesar que las situaciones con estos personajes integraban su diario vivir y esa tarde le fue imposible manifestar alivio, con reconcomio curó sus magulladuras, sumergió su cuerpo en sales cicatrizantes y aplicó en su rostro cremas que prometían ser milagrosas.

Pero debido a su madrugada atroz sin un descanso reparador y la incógnita del paradero de Rose, mientras saltaban las horas con ese sentimiento entre preocupación y agotamiento feroz, llegó la "hora D".

Al considerar su estado patético ante la ausencia de Rose, decidió tomarse la jornada libre y resguardarse en su casa. Ingirió somníferos, pues no soportaría otra noche sin tregua. Y cuando la luz matutina se reveló en las paredes pulcras de su habitación y la resonancia del mar golpeó en las rocas que amortiguaban a la construcción, sonó la campanilla del teléfono.

Por fortuna su amiga seguía con vida, sana y salva. La muy desalmada dispuso marcharse con aquel tipo después del trabajo, sin avisar a su progenitora de que esa madrugada no regresaría a casa.

Al provocar ira en Melania tal egoísmo, lo único que consiguió fue que su amiga le confesara el vínculo que la unía a ese individuo. El cretino era su ex marido, el mismo que la proveía de los narcóticos, quien vivía de envenenar a otra gente. Y para sacar provecho de sus afinidades, ambos fueron a darse un banquete de sustancias.

A pesar que la conllevaba a un acercamiento transparente e impar con María, la historia desplegó el escepticismo de Melania, quien dudó de que alguna de aquellas mujeres conservara una partícula de normalidad. Aunque le resultara inverosímil de admitir, casi la totalidad de estas jóvenes, las mismas que al subir a la tarima capturaban la estupefacción masculina con su arte y cobraban sumas exorbitantes por su cuerpo, consumían en la intimidad lo más ominoso. Eran despojos en amoríos mortuorios.

Como espectadora resignada, Melania reparaba en cada uno de los pormenores tétricos de estas vivencias, mientras examinaba qué le incumbía asimilar en semejantes anomalías. Y es que el opus extirpaba lo fidedigno sin dar tregua para rellenar los vacíos. La soledad se encarnaba hasta en los huesos de la médula del alma. Llevaba a rincones erráticos y compañías protervas, hasta acarrear a la paranoia de que incluso la preexistencia había sido un yerro doliente.

Te restregaban tanto esos caballeros, que llegabas a abrigar un repudio aberrante a ser tocada, aunque fuera por unas manos clementes. Andabas paso a paso con el espíritu en penuria, mientras implorabas que alguien se diera por insinuado de la imperiosa carestía que gritaba tu alma para que la contuvieran con entrega.

Melania pensó que aquellos continentes en los que creció junto a la sensatez humana, ya formaban un pasado. Aceptó que el entorno que la rodeaba y el suelo que pisaba eran su ambiente, aunque de forma subrepticia la damnificaran. Intentó dar vuelta a la página de lo acontecido y priorizar su recuperación para volver a retomar vuelo.

A partir de entonces se atareaba sin alto en sus metas personales. Finalmente dejó de intentar descubrir cualquier analogía entre ella y sus compañeras. Si bien hubo meses ásperos, en los que no distó divergencia entre ella y un vegetal, subsistió con firmeza.

Sin embargo, todavía no alcanzaba a saber de buena tinta cuál era la manera correcta de desdoblar su mapa. Quizás era mejor insensibilizar su idealismo y dejarse impeler por la corriente común. Sólo tomar cada jornada como venía.

Pero una tarde, al recordar el cumpleaños de su madre, reavivó con destreza mágica su equilibrio con el tiempo transcurrido. Ya eran tres años. Le pesaba la similitud entre el opus y la época en su nuevo continente. Ambos le reclutaban hasta las entrañas.

Con el torso desnudo, se acurrucó en el piso y aunque intentaba darle un linóleo puntilloso a su uñas, quedó atenta al chaparrón que matizaba el horizonte. Sin saber debido a que extraña conexión, por un segundo pensó con volver a América. Pero ya se sentía pertenecer a este terruño. Si hasta en su viento había una gracia que la envolvía en revelación.

Por otro lado, existía algo que sellaba su existencia limitada, una sensación de vacío intransferible. Aun cuando rondaba por las calles de la urbe con ese garbo muy propio que hacía a los caballeros voltear a verla, su imaginación maliciaba al extremo de pensar que cualquiera sabía todo acerca de ella.

Así fue como optó vivir al contrario de Giovanna, quien nada ocultaba. A cada pregunta que se le exponía, Melania acusaba disfraces. En aspecto alguno se orgullecía de su opus. Eso era tabú. Ya lo mismo había acordado previamente con su ex novio, puesto que el espécimen lo consideraba un traspié a su machismo. Ese dato quedaba esculpido en sus alientos y sibilino en las paredes de casa.

Por aquellos tiempos el firmamento vertía sobre ella su apoteosis, pues el país estaba en auge económico. Numerosos extranjeros buscaban invertir allí en bienes raíces, lo que producía una afluencia turística esplendorosa. Y como no sólo de responsabilidades vive el hombre, después de un día de actividades comerciales asistían a solazarse en el célebre cabaret de la capital.

Una cosa es relatarlo y otra verlo para creerlo. Había un desfile constante hacia los múltiples cuartos privados, como hacia el espacio descomunal con anchurosas mecedoras de cuero color oscuro. Sillones que se compartían no sólo con el cliente, sino que también al casi pegar una a otra sus cuerpos para cumplir demandas de placer. Como no sólo un desconocido te tocaba, sino que además muchos otros te comían con la vista, y así energía poterva se te pegaba. Era casi imposible ignorar a esa audiencia frente a tu cuerpo desnudo que se contorneaba al ritmo que llevara al gozo al usuario.

¡Vaya desquicio al que se sometían estas mujeres! Mientras entontecían sus oídos con esas agresiones acústicas, soportaban la lujuria que emanaba de los ojos de los clientes y mostraban tantas destrezas que se les estrujaba cada átomo del cuerpo. No eran más que un trozo de carne, ya sea en una tarima, o bien montadas arriba de otro cuerpo.

Otras rentaban su exclusividad al excluir al público allí situado con el cierre de ese cortinaje, que si a primera vista lucía pomposo, si reparabas con cuidado, se caía de la mugre que portaba.

A Melania le asombraba el despliegue de esos caballeros e incluso las horas que permanecían ahí. Debido a su índole ilusa, ponía en tela de juicio que allí dentro se practicara abiertamente el sexo. Pero le resultó algo innegable cuando los labios de algunas de ellas mismas confesaban prostituirse.

Melania sólo asumía la certeza de sus actos. Oía las confesiones de Gigi entre las otras sentadas con unas cuantas copas en el bar de Larry. Esta enunció que ese baileteo sobre los clientes era una pérdida de tiempo. Que ya estaban afectadas por el opus como para también tener que aguantar músicas interminables. Que cada tarde despertaban con el asedio de la locura. Que qué más daba, si ya desquiciadas estaban, como para también ser indigentes. Que la penetración y el orgasmo era en uno, dos y tres. Entonces, colorín, colorado, el cuento había terminado.

Prosiguió Jaqueline, quien señaló que el no forjar altas ganancias le provocaba una estrepitosa vehemencia. Agregó que cuando la peripecia no le resultaba desde el punto de vista económico, requería una dosis de algo, pues todo se le tornaba en un hastío insufrible y el aguantarlo sobria le resultaba un sacrilegio.

Melania prefirió dejar en el tintero los desahogos de los foráneos con quien trataba. Sabía bien que jamás osaría lo que ellas hacían, lo que envilecían aun cuando el dinero les fluyera en abundancia. Meditaba en lo innecesario de la ambición desmedida de las otras. Con el mero hecho de imaginarse a lo que ellas se atrevían durante su opus, pasaría las penas del purgatorio por lo que le restaba de vida. Mejor era soslayar las comparaciones y continuar a su aire.

Mientras aprendía de aquel sitio deslumbrante, descubría cuantiosas naturalezas sensibles, como caballeros que asumían el don de intentar verla por dentro. Hubo un joven, al parecer exitoso, que transitaba hacia Sídney una vez por año para reencontrarse con sus amistades de la universidad. Era un adonis con un traje que le asentaba a la exquisitez y realzaba su finura. Ofreció pagarle a Melania para dialogar exclusivamente con ella, puesto que opinaba que era un sinsentido que le activaran la libido.

Ella se sintió a la deriva, pues salvo por algunas excepciones ya mencionadas, había debido trabajar con afán por cada moneda. El que alguien no exigiera la fricción en sus genitales e igualmente le pagara, parecía algo inusitado para ser cierto. A modo de asentimiento, Melania diseñó una sonrisa desprendida y soltó su mano para unirse a la de él y permitir que la condujera a alguno de los resguardos.

Se acomodaron en un sofá y él ordenó una botella de vino rojo italiano cuando ella le señaló que no tomaba cocteles. Luego, él la sentó con simpatía en su regazo, le despejó los cabellos dorados que le cubrían la cara, expresó la profundidad que valoraba en sus ojos y después de un silencio insólito que se hizo notorio en el sudor de sus dedos, le preguntó: "¿Qué haces aquí? Tú no perteneces a éste contexto. ¡Márchate!"

Si bien a Melania le era innecesario dar oídos a ese enunciado, porque rehusaba franquezas intrusas, éstas le rasgaban sus llagas. Mejor le hubiera resultado brincar toda la noche de brazo en brazo como gata en celo. Pero al parecer, el joven había advertido con su astucia que ella se encontraba en uno de esos períodos en que le era insostenible conllevar ese salvajismo presente, en que la cruz que incriminaba su alma le emergía en la mirada.

Melania sintió sus ojos húmedos y no logró contener las emociones que derramaron su maquillaje por sus mejillas. Con sutileza, frotó sus dedos por su rostro en un intento de disimular. Mientras, el joven conmovido no descubría palabras para justificar su invasiva sinceridad, ella lo miraba firmemente en mutismo. Fue entonces cuando llegó la frase que pronuncian todos cuando no asumen más que decir: "Éste es un empleo como cualquier otro. No eres sólo esto".

Melania inhaló profundo mientras deseaba que esos vocablos jamás se hubiesen pronunciado. Pensó que este joven no debió haber reparado en sus ojos, sino como la generalidad, en su físico, saciado su libido y ya. Tantas veces las palabras lo arruinaban todo, que conforme conocía la estirpe masculina, se reconfortaba en el silencio.

Cuán en lo cierto estaba Giovanna al decir que nada piadoso debía esperarse allí. Al fin y al cabo, eran bailarinas de cabaret y debían actuar como tales. Ser un cuerpo sin corazón ni mente. A cada uno de esos individuos había que darle lo que buscaban, ni más ni menos. Recoger tu dinero y punto final.

Pero a Melania le era arduo su transitar por el opus. Las expresiones formuladas, aunque proviniesen de extraños, divagaban en su cabeza y detonaban efectos complejos que fluctuaban en esa malevolencia que algunos se esmeran por transferir al prójimo. Pero ese desprecio que recibían estas mujeres les provocaba carcajadas a muchas de ellas, mientras se burlaban de sus clientes. Claro que para alcanzar esa maestría, habían soportado incontables espinas.

Surgía el otoño y los árboles remozaban sus hojas. En cada una que cambiaba, Melania resbalaba añoranza. Se arropó al estilo del centro metropolitano donde anduvo sus primeros pasos y se colocó encima un gabán blanco que realzaba su piel lisonjeada mientras derramaba sin carestías su gracia.

Al contrario de su siesta habitual, tomó un autobús, pues requería observar el desfile humano en otra perspectiva que no fuese la nocturna. Descendió en la parada de una entidad bancaria, efectuó su depósito semanal y se dispuso a circular por las calles. Compró un café y se sentó en la dársena a contemplar el mar.

Al cabo de un rato, encendió un cigarrillo y abrió un libro, compenetrándose con sus páginas ya ambarinas por el tiempo. En estado de gozo, se entregó a ese suceso prodigioso del acto de leer. Melania sólo oía al océano cuando apreció una corriente fría. Alzó la vista de los folios, se vio encandilada por el ocaso y rodeó amorosamente su silueta con sus brazos, alucinada ante tanto primor.

Era hora de marcharse, puesto que ya merodeaban por allí unos vagabundos. Aunque Melania apetecía despejar el misterio que los había arrastrado a ese estado de abandono, se mordió sus labios para no preguntarles cuál había sido el ramalazo intolerable que les sacudió los satanes, llevándolos un día a entregarse a las calles y a la limosna.

De todos ellos, quien la intrigaba de forma copiosa era una bella mujer de cabellos pelicanos y cutis broncíneo. La dama, de alrededor de cincuenta años y talante impecable, preponderaba entre el resto. Sólo colgaba consigo un pequeño bolso y con una expresión devastada en sus ojos color azul, como a quien le hubieran arrebatado un hijo, se sentaba en la estación de autobús mientras meneaba incesantemente el cuerpo hacia delante y detrás.

Melania se reincorporó del suelo mientras la miraba. Al fin decidió, aunque no sabía qué rumbo iba a tomar. La noche se presumía encantadora como para prodigarla entre los muros de su casa. Por lapsos desvariaba al examinar el modo de saborear su vida. Se extraviaba entre el gigantismo y el destierro. Descalzó sus pies, introdujo las botas en su bolso, pisó la arenilla y embriagada en serenidad, tal como si la reintegraran al embeleso del nacimiento, abrevió su retorno.

Ya en casa extrajo de su cartera la misiva que un señor le dio en el club. Era un centroamericano que rondaba casi la edad de su madre y durante tres jornadas consecutivas asistió a verla y colmó sus bragas con caudales, pero sin ponerle un dedo encima. En su más reciente visita le hizo una invitación a cenar con la promesa de pagarle por su compañía.

Aunque el buen hombre llamado Fausto dimitió de regresar allí, ella recordó que ya casi se marcharía y lo llamó por teléfono. Era la primera ocasión en que Melania saldría con un cliente, algo que la inquietaba con una sensación de culpa, aunque sin reconocer de qué. Acordaron un encuentro próximo a su apartamento. Al cabo de dos horas estaban en un restaurante en la costa, donde maravillaba el centelleo de los hados cerca de las luces de las barcas posadas en el mar.

Y como arte y parte de esa escena eminente, Melania soñó despierta. Cuando Fausto advirtió su aislamiento y tocó su brazo para reconectarla con el presente, ella sonrió y dijo que todo yacía agraciado. Uno y el otro se esforzaron por romper el hielo e iniciaron un diálogo ameno que poco después fue un carcajeo. Aquel señor poseía un amplio sentido del humor que mucho precisaba Melania.

Y como había sido lo pactado, Fausto pagó la suma acordada por el asentimiento a la cena. Melania mutiló las lobregueces de un supuesto pecado por haber salido con un caballero que la había visto desnuda. Y hasta satisfecha se profesó por haber seguido a sus instintos, aunque también consciente de que estaba lejos de convertir esto en hábito.

Sencillamente, evaluó lo formidable que se hubiese privado si se hubiera recluido en los muros de su casa, aunque allí disfrutaba la acústica de las aguas que golpeaban en las rocas, con mayor frenesí en las madrugadas.

Todo se plasmaba en las decisiones que optaba entre un camino u otro, lo que iba marcando estelas en su pergamino. Aunque la juventud de Melania era la antítesis exacta entre diversidad y automatismo, en centenares de ciclos brincaba de un episodio al otro, como quien lo hace con las carillas de un libro soporífero.

Noche tras noche entablaba coloquios con los clientes y de no ser aceptada, iba al bar de Larry para disuadir su desahucio. Pero cuando las vibraciones verdaderamente la abrumaban, prefería a modo de escondite mantenerse solitaria en una mesa aislada para lograr su recuperación.

Incluso en medio de esa ferocidad y de sentirse inmensamente en un desierto, reparaba sin intervalos en esa muchedumbre tan particular. En ocasiones consecutivas notó la presencia de un personaje acicalado de contextura mediana, cutis oscuro y sonrisa esplendorosa, que vestía ropas deportivas e iba inquieto del bar a todo el salón mientras cargaba una botella de refresco en su mano derecha.

Melania estaba un poco desconcertada con la conducta de este individuo, ya que aunque no pagaba por bailes privados, no quitaba el rabillo del ojo de las peripecias de cada una de las chicas. Y en cada repaso le echaba un vistazo a Melania, hasta que su inquisición lo llevó a aproximarla. Para desconcierto, el sujeto era un ecuatoriano de nombre Rafael, de unos cuarenta y siete años, quien por esa soledad que apresa a la mayoría de los humanos, se allegaba muy a menudo alrededor de la medianoche a ese cabaret.

Se convirtió en esos predios en un personaje popular que trocaba en un festejo la entelequia. Esplendía en la penumbra y el martirio de ese orbe. Cuando Melania no tenía clientela, se sentaba contiguo a ella y forjaba una chirigota tras otra. A ciertas mujeres les compraba su licor favorito, mientras les advertía acerca del arcano de la existencia.

A partir de aquel momento, Rafael y ella abordaron una complicidad equitativa. Él era un alma privilegiada que estimaba las cualidades esenciales de la vida, lo que lo incitaba a un goce absoluto. Alguien que jamás contrajo nupcias, un peregrino del mundo, un deportista con tendencias al budismo. Un adolescente tardío con analogías que lo enlazaban a Melania.

Su presencia disipaba los yermos de Melania, quien en las noches que ella tomaba libre y a él lo engañaba el insomnio, salían juntos con deleite. Tal hábito daba juzgar a muchos que eran una pareja. Sus amigas glosaban que mientras continuase en compañía de Rafael, menos oportunidades tendría para encontrar un novio.

A Melania poco le importaba lo que conceptuaran, pues saboreaba una etapa que saltó en sus mocedades. Aunque con Rafael no la unía un lazo sanguíneo, en pocos meses establecieron de forma misteriosa un vínculo al que cabría señalar como hermandad. Ambos chapoteaban por las aceras bajo los aluviones inclementes del invierno. Y cada domingo realizaban competencias por las areniscas costeras agrupados con Daniela, una estadounidense angelical que conocía a Rafael desde sus respectivas infancias. Y luego, al igual que los tres mosqueteros, se divertían al bañarse en las aguas heladas del océano.

Rafael fue una alegoría que el cosmos consignó en el camino de Melania para que ella asimilase una enseñanza concreta. Pero de forma impensada para todos, Daniela recibió el designio del Creador para desertar del carrusel terrenal a sus cuarenta y dos años. Y escasas semanas posteriores, Rafael regresó de súbito al Ecuador.

Estos sucesos abatieron a Melania, dejándola en el típico aislamiento que adoptaba para elaborar sus pérdidas. A media luz e irresoluta, sentada en el embaldosado del balcón de su casa y envuelta en una mantilla tejida por su abuela, llamó con voz quebrada a su madre.

Sólo el auscultar a esa dama la devolvía a la realidad y aplacaba su orfandad. Su mamá poseía el don de apaciguar la esencia sensiblera de la jovencita. Ariadna le manifestó a Melania que todos ellos vivían en una ciudad de aves fugaces, que si bien nunca estábamos prevenidos para la defunción, debía cultivarse el arte del desprendimiento para que las partidas no nos deshicieran. Que desde el instante preciso en que se convirtió en ciudadana del cosmos, serían moneda corriente eventos afines a éste que hoy la atosigaba.

Entre sollozos, Melania oía sus términos sabios y sólo exclamó cuánto la echaba de menos. Al terminar la comunicación, se dispuso a quitarse el pijama que vestía por las últimas veinticuatro horas y tomó de prisa un baño. Se atavió con un jean negro y una blusa rosada. Se calzó botas oscuras. Metió un abrigo y dos libros en su bolso, y tomó las llaves del automóvil con la certeza de que entre esas cuatro paredes no yacía el céfiro que requería.

Prefirió bajar por las escaleras en vez de usar el elevador, por si acaso se cruzara con algún vecino inoportuno. Dio un llamado a Rose y le dijo que precisaba de ella en ese momento, en el que daba vuelta la página para renovarse y volverse a entremeter en lo cotidiano. Su jovial compañera la animó a distraerse de la seriedad de su contexto con episodios ocurrentes.

Rose, quien obraba con gran sinceridad dentro del ámbito laboral, velaba por Melania con una nobleza fenomenal, mérito que valía destacar dentro de ese mundo de ambición desmedida. Así era que a pesar de sus diferencias abismales, las unía a contrapelo una lealtad admirable.

Melania recorrió primero la rambla en busca de amansar su desazón por lo que no tenía el poder de remediar. Luego retornó al estacionamiento, se adentró en el vehículo que cargaba en su parte trasera sus bártulos profesionales y se dirigió al bar en donde se encontraría con Rose.

Ahí estaba ella con su amigo Alex, un hombre mayor y simpático. Un viudo que en su avidez afectiva consumía el tiempo al lado de su amiga con una entrega desmedida hacia ella. Ambos se contentaron al verla llegar, e invitaron a un anónimo que estaba sentado solitario en el bar, y los cuatro jugaron billar mientras estallaban de risa por sus peripecias.

De este modo placieron la finitud de la tarde. Cuando Melania echó vista al reloj, éste marcaba casi las diez de la noche y reflexionó marcharse a su opus, que sólo estaba situado a unos quince minutos del bar. Condujo mientras buscaba soslayar la idea de que a partir de entonces Rafael ya no emergería por el club. Tampoco Rose la acompañaría esa noche, así que no había más remedio que conceder al sortilegio lo que esa jornada traería.

Entró al establecimiento con el antojo de pasar inadvertida y dirigió sus pasos al camarín, donde no cabía ni un alfiler más. Ubicó su delgadez detrás de la mecedora de Cándida, aquella señora griega de carisma sublime, la misma que físicamente le agrietaba el corazón al recordarle a su abuela y deseaba estrecharla en cada oportunidad que la veía.

Cándida desempeñaba la labor de "house mom". Era un ser apreciado por todas, pues consentía mejor que nadie a cada jovencita. Detrás de esa mujer, Melania experimentaba el resguardo que necesitaba antes de lanzarse a la jungla que la aguardaba al abrir esa puertecita.

Pero Iris la francesa, quien en su edad lozana también fue bailarina de cabaret, hasta que lo dejó por el maquillaje, advirtió con su carácter perspicaz la debilidad de Melania, por lo que le murmuró, "Ven, hoy embelleceré tus ojos inmensos. Y recuerda que aquí dentro todos los días son de fiesta".

Iris, quien en ocasiones usaba gafas oscuras y encendía inciensos en ese cuarto, apreciaba a pocas de las muchachas, pero entre ellas a Melania. Aunque no tenía el hábito de pintarse, Melania se sentó en el "trono" a modo de aquiescencia. Y cuando abrió los ojos para ver el espejo, reparó fascinada en el sortilegio que Iris había logrado al utilizar los matices propicios con sus manos expertas.

Se sintió guapa, ya que no sólo le habían sombreado sus ojazos, sino que también le habían dibujado una sonrisa esplendente en sus labios naturalmente rosáceos y delineados. Saltó del "trono" y con la agilidad de una chiquilla, salió del camarín sin dejar de oír la exclamación de Cándida al otro extremo del cuarto, "¡Así es como me encanta verte! ¡Feliz!" Melania volteó a mirarla con un gesto de gratitud y emergió en la selva con actitud segura.

Traspasó con un caminar ligero esa puertecita que le bloqueaba por un instante de la demencia. A duras penas dio una ojeada al entorno. Pero no pudo más y se dirigió al cuarto de baño. Le era preciso un lapso a solas para tomar coraje mientras se lavaba las manos y se inclinaba para acariciar a Joane, la señora haitiana que por añares se ocupaba del baño, al realizar los menesteres necesarios y hasta ofrecer mercancías por debajo del precio del mercado.

Melania le procuraba una cantidad monetaria cada noche. Es que la conmovía su inmolación y le estremecía el alma verla comer en el mismo espacio donde los demás hacían sus necesidades fisiológicas. Mucho le asombraba la fe entrañable de esta dama, quien entre sus bultos traía siempre consigo una biblia que mantenía abierta sobre su regazo en esas amanecidas inclementes, aunque a veces se le resbalaba al piso cuando se adormecía.

Cuando miraba ese rostro, Melania de modo inevitable clamaba misericordia de que a ella no la apresaran ahí dentro las redes tiranas del paso del tiempo. Ciñéndose su espíritu y exigiéndose su ánimo, salió del cuarto de baño. Esta vez no consumió el cigarrillo que fumaba con toda parsimonia en la barra junto a Larry. Tenía que seguir adelante, pues de no hacerlo, estaría en la misma silla por horas mientras lamentaba las ausencias de sus amigos.

Así que extendió su brazo y saludó a Larry sin detener su paso. Dio un recorrido por el salón hasta aproximarse a un individuo que reposaba en el área preferente. El espécimen tenía el aspecto de sabérselas todas, lo que no le hacía promisorio el panorama a Melania. ¡Pero que más daba!

Aunque la noche era prematura, el tipo llevaba horas en el saboreo de licores, por lo que se le aproximó sin cavilar. Melania echó manos a la obra mientras orientaba su destreza de doncella vertiginosa. Él, vanidoso, destacó su alianza con el dueño del cabaret mientras destilaba por su boca ese néctar que ella repudiaba. Pero haciendo tripas corazón, se inclinó hacia un lado para evitar que el aliento de este sujeto fuera directo a su nariz y le causara arcadas.

Por fortuna, el sujeto carecía de mucha facilidad de diálogo, así que se amoldaron entre los otros tantos que ocupaban los sillones del área superior. Al cabo de unos minutos, el cínico demandó a Melania que bailase para él. A ella la atmósfera completa le importunaba tanto como la energía del cliente y de la multitud que los circundaba. Sin embrago, meneó su silueta de una balada a otra.

Cuando su mente y cuerpo asimilaron el tiempo trascurrido, Melania, que llevaba la cuenta minuciosa de las canciones, le mencionó que ya llegaban a las treinta. Se puso de pie y tomó un papel toalla de la mesa para secar su frente, mientras le decía al individuo que la distracción ya había sido bastante y le señaló el monto que le incumbía abonar.

Y mientras ella se vestía, el necio lanzó una risotada y exclamó, "¿Cómo crees que te pagaré? De ningún modo lo haría ni por una, menos por treinta canciones. Creí lo hacías gratuitamente porque yo te agradaba".

Melania deseaba que esa atrocidad que oía fuese una sátira. Inhaló profundo, se sentó al lado del sujeto y le expuso que éste era su trabajo y por ende, él debía pagarle. El necio volvió a negarse, en esta ocasión con agresiones orales irrepetibles. A ella, su cuerpo comenzó a manifestarle angustia a través de un tembleteo incontrolable.

Necesitaba ayuda, por lo que saltó en busca del personal de seguridad. Desafortunadamente, esa noche quien las defendía era Renzo, un latino felón que se le insinuaba constantemente, pero como nada conseguía de Melania, a modo de revancha le hacía su estadía allí bien amarga, al hallar motivos para molestarla lo más que le fuese posible.

Renzo no sólo no intentó recolectar el dinero que le debían a Melania, sino que además la atosigó al decirle que la culpable de la situación no era nadie más que ella misma por ingenua, ya que concluida cada canción, debía pedir su valor. Entonces dejó ir al abusivo tal como si nada hubiera sucedido.

Melania estalló en llanto de frustración. La cólera le consumía cada átomo mientras veía en los ojos de Renzo al propio anticristo. Le resultaba inverosímil entender el deleite de su sadismo ante el mal ajeno. Nada le quedaba por hacer. Aunque fue ella quien puso el cuerpo para aquel miserable, no le quedaba más que resignarse ante un monstruo de esa caterva.

Deseó que la tierra se rasgara por su grieta más ancha y la tragase. Desahogó hasta el postremo sollozo. Cayó en cuenta que tan sólo eran las dos de la madrugada, por lo que como se dice, "la noche era joven". Aún le restaban cuatro horas de batalla pues de otro modo se marcharía a casa con realidades tan viles como las con que llegó, sólo que más angustiada y sin dinero.

Excluida en el último baño se frotó toallas húmedas enjabonadas por toda su figura, se cambió las bragas y el vestido, redelineó su maquillaje y no hizo comentario alguno de lo acontecido. En mudez, se sentó en la silla menos visible junto a la barra de Larry, quien le proveyó de un café. Encendió un cigarrillo, extravió su mirada en la tarima y exhortó un silencio a su mente hasta alcanzar un estado como de trance.

De repente se vio asombrada por Roger, uno de sus devotos con quien la unía un aprecio mutuo. Al verlo, le pidió que la contuviera en un abrazo. Después de ello, le glosó a rasgos ligeros su infortunio, a lo que él le replicó, "Vaya que eres valiente para permanecer aquí y no haberte ido a todo correr".

Minutos después la convocaron a escena. Mientras danzaba, sus ojos se fundieron en la luz que procedía desde el centro. Sonaba la melodía "Eclipse total del amor", de Bonnie Tyler, aunque en una versión adaptada al tecno. Esto le trajo a su mente la efigie de Ignacio, su bienquisto hermano. Aquella era unas de sus melodías predilectas, por lo que inevitablemente irrumpió la melancolía por estrecharlo en sus brazos, de suplicarle su permanencia en aquella lejanía.

En busca de amordazar su alma, hizo un giro por el tubo y dio su espalda a las luces del centro. Al terminar sus contorsiones, divisó dos figuras masculinas en las cercanías de la tarima. Uno de ellos era su amigo Roger, quien puso en sus bragas el importe que cubría su "house fee", una exigencia de cada jornada a la que se añadía las pagas a la "house mom", al " DJ" y a los "bouncers", valores para los que necesitaba unos cinco bailes. Hasta ese momento, Melania no contaba con nada, así que lo que le ofreció Roger le amparó el apremio de la deuda que contraía tan sólo con poner un pie en ese cabaret.

Melania apreció con una sonrisa las miradas masculinas que se encontraban justo en la mesa adyacente a la puerta hacia el camerino. Descendió esos cinco escalones, mientras que con la mano derecha atinaba a sostenerse de la barandilla.

Pero ya en el segundo peldaño se vio interrumpida por un parroquiano, quien le preguntó su nombre y procedencia, y la instó a sentarse a la mesa que compartía con otros dos amigos. Ella asintió afable, aunque poco le atraían los grupos. Es que algunos la incomodaban mucho y más si otra mujer formaba parte del mismo.

Melania no vislumbraba el motivo que avivaba los celos en alguna dama cuando un hombre agasajaba a otra. La rivalidad, ése proceder repulsivo, le resultaba absurda y dañina. Pero en este caso, el grupo era de tres hombres, por lo que ella era el aspecto femenil carente.

Uno de los varones era Christian, un británico de unos cuarenta años de edad, pero quien representaba unos cincuenta por su exterior desaliñado y su aspecto regordete. Sin embargo, a divergencia de las mujeres, que ganamos por la hermosura, los hombres conquistan con otras cualidades y éste las poseía.

Christian era extrovertido y aparentemente culto, méritos que le convertían en un deleite. Encendió un habano mientras bebía whisky y le hablaba a Melania sobre su profesión, cuando al cabo de tal vez un cuarto de hora, le manifestó a la joven que él y sus amigos deseaban ir a un cuarto privado.

Este inglés, tan análogo a Melania, se encontraba como ella en un sitio al cual no pertenecían. La diferencia era que él lo hacía por regocijo, al contar con sobrantes de tiempo y dinero; mientras que ella lo hacía por el concepto errado del vocablo "libertad".

Para entonces ya los demás negociaban con otras dos jóvenes las tarifas, es decir que los seis compartirían ese espacio por el lapso de dos horas. Ella se perturbó, pues bien sabía de sus límites, y mejor aún, no pecaba de ignorancia del proceder de las otras dos en cuanto su actuación en esos cuartos atañía. Cuando el grupo se dispuso a abandonar la mesa, ella prorrumpió de súbito sin fluctuaciones, "Chris, yo no practico sexo ahí dentro". Pero él le dijo sosegado, "Lo sé. Ven con nosotros. No te inquietes".

Luego del comentario, Melania se dejó tomar de su brazo mientras seguían a los demás. Uno a uno, se adentraron en el cuarto denominado Golden, por ser el más amplio, pero también el más costoso. Melania consideraba que le sería un suplicio permanecer allí por dos largas horas. Desconocía como lo resistiría, por lo que a modo de disimulo sonreía mientras inhalaba muy profundo, de modo que le fuese imperceptible al grupo su desasosiego. Pensó que quizás el alcohol se les subiría tanto a la cabeza que no repararían en su nerviosidad.

Cada uno de ellos se sentó en uno de los sillones aterciopelados de color rojo. El que más bebía, se estiró hasta alcanzar el botón que controlaba la batahola de la música, y subió el volumen hasta que el estruendo era peor que el del salón. Ellos inquirían el descontrol en todas las formas posibles. Las muchachas dieron inicio a la fiesta, al contornear sus figuras mientras se desnudaban.

Por fortuna Chris presumía del talante más sereno, por lo que reposaba sentado sin parar de fumar. Y aunque esto no salvaría a

Melania de desnudarse, al menos le confería una pizca de calma, al no verse asaltada por la voluptuosidad del deseo cohibido de unas manos que la frotaban sin tregua.

Melania movía su figura, pero entre tanto le daba unos masajes relajantes en la espalda a Chris. Aquel era su truco favorito para apaciguar a los caballeros mientras debía permanecer ahí dentro asaltada por la claustrofobia. Empleaba sutilmente sus atributos para retraer a Chris de la locura de sus amigos en la otra punta del cuarto. Por fortuna, él asentía a sus indulgencias con gestos amenos.

Hasta entonces Melania había inadvertido a sus compañeras. Pero cuando reparó con el rabillo de ojo en las otras, sintió una aversión profunda. Una de ellas estaba echada por completo sobre su cliente, mientras otra le lamía los genitales. Si bien suspendieron por un instante su acto para embutirse con narcóticos, la escena se le figuró dramática.

De súbito, uno de estos tipos advirtió el asombro de Melania y la llamó a participar. Entre tanto el otro, dentro de lo que su borrachera se lo permitía, miraba la escena desde el sofá de enfrente mientras sostenía una botella de vodka. Ella, entre el temor y la repulsión, sintió un fogón que la consumía internamente.

En ese preciso instante Chris regañó a su compañero y amparó a Melania. No obstante, para ella la escena resultó un desagrado difícil de borrar. Y en su mente rehilaba la posibilidad de que tal vez los clientes ni habían solicitado el accionar de las chicas, puesto que ellas eran de ese proceder por sus propias naturalezas.

Sin objeciones, Melania se puso de pie, se vistió, agradeció al caballero por su actitud compasiva y manifestó que se dirigía al cuarto de baño. Cuando caminó al lado de las otra dos, debió soportar sus risotadas de burlas y el sarcástico comentario: "¿No te tentaba al menos por hoy?"

Melania sondeaba con sus pasos por qué las circunstancias la fusionaron a ese contexto. ¿Había nacido para ser manipulada por el mismo demonio o para vigorizar su baluarte? ¿Era su destino una cata axiomática de que como en una sala de fiestas, tanto querubines como satanes viajaban por las basílicas? ¿De que la vida y la muerte viajaban fundidas de la mano?

Mantuvo la postura en su andar y en uno de sus pasos la detuvo Bill, un estadounidense que pertenecía al grupo de seguridad del local. Era de espíritu clemente, seguro y tenía menos años de los que personificaba. Él conectaba con Melania con un afecto privativo. Tiempo atrás, al conducir bajo las secuelas del alcohol, se vio embestido por una camioneta y estuvo hospitalizado por meses. Al salir, aunque jamás pudo recobrar la flexibilidad de los ligamentos en su pierna derecha, volvió a ocupar su puesto en el cabaret.

Bill siempre estaba cercano a Melania. Aunque cada uno anduviera por un extremo opuesto del cabaret, él se mantenía pendiente de ella. Al observar a su favorita salir apresurada del cuarto, se le aproximó y le dijo, "¿Qué sucede, princesa?" Ella hizo un gesto de que todo estaba bajo control, que sólo necesitaba unos minutos. Él le ratificó su protección especial al expresarle, "Ya sabes que cualquier cosa que te ocurra, aquí estoy. Ni un minuto de mi tiempo te paso por alto".

Amparándose en esa presencia contenedora, Melania se asiló provisionalmente en el cuarto de baño, lavó su rostro y miró el reloj de pared para ponerse al corriente de cuánto más le restaba en aquel averno. Sin saber cómo, ya había resistido la etapa más execrable, pero aún le faltaban esos eternos últimos sesenta minutos.

Cuando se adentró en el cuarto, el show había terminado. Pero ella aún utilizaba su a veces conspicuo antifaz para borrar de su semblante el peso de las conmociones acumuladas. Con talante desenvuelto se sentó al lado de Chris, quien con parsimonia revisaba desde su teléfono celular la hora de su vuelo hacia la ciudad costera de Perth. Chris le trajo calma a Melania cuando le sonrió y reanudó de manera deleitable el ofrecimiento de persuasión y demanda de utopía, aunque estaba consciente de que el hechizo cesaba con las agujas del reloj.

A la hora de poner un pie en su casa, Melania buscó disgregar cataduras exactas, pero se veía oprimida por las imágenes que había visto desatarse en el club. Sobre todo en esos cuartos. Deseaba no ingresar más a ninguno de ellos, pues sus desenlaces merodeaban durante noches y días por su imaginación. Por cada instante en esa oscuridad, su alma le pasaba facturas que no terminaba de saldar. Parecía que el tiempo tirano había detenido la péndola de su vidorria irracional. El opus la absorbía como la emboscada más inclemente de un río salvaje.

Por ello, cuando su realidad pesaba más que la ensoñación del espíritu, volvía a aislarse en un yermo mental. Andaba la rambla cercana a su casa entre vagabundos y bohemios. Compraba un café para luego sentarse por horas en el piso de la biblioteca pública. Allí apaciguaba a sus diantres al complacerse entre folios hasta la finitud del día.

Evitaba en esos días ver a sus compañeras y a cualquier premisa conexa con el cabaret. Prefería el sigilo de lo ignoto, al menos durante esas jornadas de tregua. La única excepción en esas noches eran sus visitas a Giovanna y a su mamá, quienes, junto a María, eran sus nexos genuinos.

El volver a su rutina en el cabaret le inducía tedio. El calendario punteaba drásticamente cinco años y tres meses. Sin pecar de ignorancia de que en aquel ciclo sólo se había desplazado a Nueva Gales del Sur desde Sídney, bosquejaba la noción de que se acercaba su libertad, pues la inmovilidad estaba en disonancia con su plan de peregrinaje.

A la sazón planeó una aventura durante una madrugada. Durmió sólo unas horas y se puso en pie con las primeras luces. Llenó su bulto de cosas ineludibles. Vistió un sombrero pardo, un jean negro y una blusa blanca ceñida, aunque sólo para insinuar su figura sin mostrar en demasía.

Descendió por las escaleras con esa sensación vivaz provocada por lo incógnito. Esto le hizo notar en ese momento que la aventura era la connotación más ferviente de cuanto amaba la vida. Subió a su vehículo y condujo con alegría hasta el puerto, donde abordaría el ferri que la transportaría hacia la ciudad de Brisbane, pues deseaba vislumbrar aquella metrópoli y practicar surf en sus aguas.

Cuando tenía veinte años, en una tarde sempiterna en que se encontraba de pie en una exposición, desertó de usar su reloj por la ansiedad que le provocaba el andar de las agujas, incluso en los días que pasaban con normalidad. Desde entonces incorporó el tiempo a su perfil, y en el peor de los casos, consultaba la hora a un transeúnte.

Esa amanecida del viaje a Brisbane, el arribo de la falúa ocurrió a las cinco y media de la mañana. Después que la abordó, Melania sintió que había trascurrido algún tiempo desde ese instante, así que echó un vistazo al reloj de una pasajera que se sentó a su lado. Las agujas punteaban las siete menos cuarto. El alba emprendía su apertura gloriosa con colores ambarinos y naranjas. Asistir a ese suceso resultaba una ceremonia. Melania sacó un tapado de su bulto, se arropó tiernamente, amoldó su cuerpo y al cerrar sus ojos, experimentó felicidad.

Mientras gozaba del sueño, oyó los estruendos de los motores, lo que marcaba el arribo a las costas de Brisbane. Se produjo el detenimiento total del ferri y al igual que una niña, fue la primera en pararse de su asiento mientras devoraba con sus ojazos verdes cada detalle de lo que sucedía afuera.

Procuró su descenso veloz de la embarcación y se mezcló con la muchedumbre que circulaba por las calles adyacentes a la costa. Emprendió la búsqueda de un alojamiento, pues sólo contaba con dos días para explorar.

Optó por una residencia modesta donde por lo general se hospedaban prójimos de mayor edad, abonó la tarifa correspondiente a dos noches, tomó las llaves que el conserje le proveyó y cuando miró los números que constaban en el gancho de las llaves, sonrió con asombro porque era el 1054, el día y año en el que nació su madre. ¡No cabía una señal más auspiciosa!

Abrió la puerta, arrojó sus prendas a la cama, se cambió el atuendo y salió. Se deslizó por la ciudad. Le fascinaba auscultar la pluralidad en los lenguajes, mientras que esas montañas le ponían la imaginación a todo andar.

De repente se detuvo por algo de comida. Compró unas botellas de agua y vegetales. Evitó sentarse a una mesa del restaurante para no a malgastar su tiempo, por lo que cargó con todo. Cuando llegó a la playa, una ferviente sensación de paz le recorrió la totalidad del ser. ¡Era libre como un ave!

Cuando se aproximó al puesto que rentaba tablas e indumentaria para surfistas, captó su atención un individuo entre los acumulados allí. Como si sintiera la energía de Melania, él volteó la cabeza y la saludó. Su nombre era Lorenzo y coordinaba las travesías de los grupos de surf.

Esto era precisamente lo que ella necesitaba, adentrarse sin dudas a un grupo mientras sentía el entusiasmo y la alegría de lo inexplorado. Se integró a los demás y al cabo de unos minutos, veinte personas se encontraban en el despliegue maravilloso de una aventura de la que ella jamás hubiera pensado en ser partícipe.

Retornaron con la puesta del sol y en el proceso de devolver sus equipos al puesto, dos muchachas que había conocido en su expedición la invitaron a un bar. Ella asintió, pues no sólo quería no perderse nada en los dos días en que estaría alejada de todo, sino que se había propuesto romper con todos los paradigmas a los que se había encadenado hasta entonces. Respiraba con el estremecimiento de estar en otra piel y esa impresión la cautivaba.

Una vez reunidas las tres en la barra de un bar, Michelle y Petra le revelaron que durante varios meses del año se ganaban la vida con sus bailes cuasi nudistas en un cabaret de la ciudad de Adelaida. Aunque durante el inclemente invierno viajaban a Sídney, puesto que al ser la ciudad más populosa de Australia, circulaba el dinero con afluencia.

¡Vaya epopeya del destino! Melania perdió el encanto que hasta ese segundo la había envuelto como en un cuento de hadas. ¡No lograba mudar de aires! ¡El opus la acosaba como un duende inmortal! Le temblaron hasta los huesos. Rasgó su disciplina al ordenar un tequila que bebió sin apenas respirar mientras daba rienda suelta a su secreto. En esa madrugada quedaron al descubierto y sin adornos tres mujeres de diversas estirpes. Tres leyendas y un andar que les convergía.

Al parecer, Melania tenía que vivir su lucha incesable entre la libertad y las condenas, lo que no otorgaba seguridad a nada ni a nadie. Buscaba excluir, aunque sin acierto, la igualdad que la acercaba a muchas como estas dos.

¡Así que sin estar en los planes de esas hojas en que Melania juntaba las palabras de su biografía, se produjo una reunión marcada por "el opus" que comprendía a cada una! Dio oídos a su voz interna, la cual le dijo que era hora de terminar de inmediato, pues llevaba un día sin dormir y ya había bebido bastante. Echó un vistazo al reloj de su teléfono. Eran casi las cinco de la mañana

Como abominaba llegar a su lecho con la luz matutina, tomó un taxi que la llevó hasta su hotel. Extenuada, dejó de meditar en sus sarcásticas circunstancias y se rindió a un sueño reparador.

Sólo puso un pie fuera de la cama cuando ya casi era el mediodía. La resaca le aplastaba la cabeza. Tomó analgésicos y al rato se sintió un poco mejor. Y justo en el instante en que debatía cómo pasar la jornada, sonó el teléfono.

Era Petra, la muchacha checa que la invitaba a jugar voleibol playero. Esto le dio contento a Melania, por lo que le dijo que estaría lista al cabo de un par de horas. Ese tiempo le sería suficiente para pasar un lapso necesario con ella misma. Quería caminar, aguzar el oído con los ecos de la vida y permitir que el aire le tocara su piel.

Melania reunió apresurada sus prendas y el dinero suficiente, bebió una taza de leche y tomó frutas para el camino. Al cerrar la puerta de su habitación, soltó con júbilo sus alas a nuevos paisajes. Se detuvo para comprar el libro "SincroDestino", de Deepak Chopra, que no pudo resistirse a comenzar a leer su prólogo.

Cuando quitó sus ojos de las carillas, se percató de cuán lejos estaba del punto de encuentro con Petra. Miró al cielo y vio con sorpresa la cúspide de una ermita. Sin pensarlo, cerró el libro, celebró el cielo matutino y se esforzó por traer a su memoria el arte de orar.

Siguió su instinto. Cruzó la calle, se cubrió el torso con un abrigo e ingresó sigilosamente en un templo. Tomó asiento en la última fila de bancos y de repente, una efigie puntual conquistó su mente. Se sintió confusa, experimentó escalofríos. Debía identificar aquella remembranza subconsciente. No deseaba dejarla entre renglones.

Cerró los ojos, inhaló profundo, sintió una fuerza externa que bamboleaba su espalda y se dispuso a experimentarla hasta el final. Como en un rompecabezas, los retratos llegaban uno a uno a su mente hasta completar la escena.

Era el día de su primera comunión y Melania formaba una fila con otras chiquillas. Cerca de ella se encontraba su madre Ariadna, embarazada de su hermano. Cuando la ceremonia ya había concluido, fue que se hizo presente su padre con su eterna sonrisa. Como recuerdo de esa fecha, la familia reunida se tomó una foto en las afueras de la iglesia.

Con los ojos empapados entre la melancolía y la dicha, Melania abandonó su visión. Comprendió entonces a plena consciencia la energía que la atrajo a entrar la iglesia. Deseaba orar, tal vez como en su niñez, sin demasiadas presunciones, sólo con esa inocencia de la sagacidad de un credo. Se acercó al altar, instó de rodillas al espíritu celestial a que descendiera sobre ella y eternizara su protección. Rezó un Padre Nuestro, hizo la señal de la cruz, abrió las puertas del templo y se retiró.

Luego de tomar el primer taxi que tuvo en frente, Melania llegó a la cita. Ya Petra esperaba y fueron a cambiarse juntas. Cuando terminaron, unos cuantos las aguardaban para dar inicio al juego. Melania gozó como si estuviera en esa adolescencia que se le escurrió del calendario, pues al dejar su niñez, debió saltar a la vida adulta, con lo que muchas de las páginas de su historia quedaron en blanco.

De tanto reír, le dolía el estómago. Tendió su cuerpo en la arena, como si tratara que quedase asentado que allí fue feliz. De pronto fueron las nueve de la noche. Era su última noche en Brisbane, motivo suficiente para una reunión, por lo que la totalidad del equipo fue a un bar irlandés con karaoke.

¡Vaya sorpresa! Allí también se empleaba el guapo de Lorenzo, quien la saludó con algarabía y le ofreció un refresco. Era una noche a festejo pleno, en la que Melania deseaba que ese momento no tuviese final. Cantaron, estallaron de risa y claro, bebieron.

Lorenzo y ella hicieron conexión, quizás porque ambos hablaban italiano. A las cuatro de la madrugada el bar cerró sus puertas, así que decidieron extender su charla en cierto café de la playa. Sin darse cuenta, se vieron sorprendidos por el alba.

Melania llevaba años sin encantarse por alguien, por lo que aquello era una celebración. Mientras persistía el soplo del mar, se dejó llevar como las olas del océano que asolaban cada vestigio de la arenisca. A pesar de que en unas horas debía emprender el retorno a Nueva Gales del Sur para retomar las noches y los días que atribuía a su destino, precisaba sentir los halagos de unas manos que finalmente no la restregaran, sino que la acariciaran.

Lorenzo se ofreció a llevarla al hotel en su todoterreno y luego a la dársena de donde partiría el ferri. Melania no deseaba negarse, así que en menos de un parpadeo ya estaba montada al vehículo. Subieron al cuarto de hotel e hicieron el amor con la fuerza de los que disfrutan con entrega.

Como si fueran amantes de antaño, Lorenzo se resistía a su partida y ella deseaba quedarse en la eternidad de esa mañana, pero consideró que era mejor marcharse. Preparó su bolso, tomó un baño y ambos abandonaron el hotel. Luego de despedirse con apego mutuo, ella abordó el ferri mientras él subía a su vehículo.

Bajo la alucinación de tanta alegría vivida, Melania escogió una butaca y en el instante mismo en que se sentó a meditar que el tiempo se había quedado detenido por un lapso en ese suelo, cayó rendida de sueño.

El calendario marcaba el domingo, un día perfecto para regresar al opus, pues en esas noches predominaba la calidad de la clientela, no su cantidad nimia. Brilló renovada en la tarima entre el laberinto de sus vibraciones. Se vio redimida, pues no había logrado descansar su mente desde el trago amargo de las golpizas de su ex novio.

En su vorágine de alborozo y empapada en sudor, recogió con sus manos algunos de los múltiples billetes que le lanzaron. Cuando se sentó a su apartada mesa, Bill se le acercó con un balde cargado de más dinero que acopió por su show.

Pero Melania quería recuperar lo gastado en sus jornadas de ausencia. Semejante a su madre, era una trabajadora pertinaz y hasta podría decirse, culposa del descanso. Se dirigió al baño, se cubrió con un acicalado vestido rojo y dio manos a la obra.

Al recorrer el salón con su mirada, vio a una muchacha que se encontraba sola y trasladaba una índole apenada en sus ojos negros. Pero pensó que no era lo apropiado para ella y mejor se acercó a un joven árabe que vestía un turbante y fumaba. Le hizo unos cuantos bailes en la mesa. Aunque éstos se pagaban a la mitad de los de fricción y la extenuaban al provocarle dolor en su espalda, ¡que más daba! Más valía pájaro en mano que ciento volando.

Al finalizar sus bailes para el árabe, Melania se dirigió al cuarto de atrás con el propósito de revisar su teléfono, pues Lorenzo le revoloteaba en sus pensamientos. Pero como si las cosas estuvieran predestinadas, en aquel momento la muchacha de ojos negros yacía ahí dentro junto con Eugenia, quien le echaba una parrafada petulante; por tanto Brisa, comía zanahorias en pleno mutismo.

A Melania la invadió la impotencia, pues no conocía mucho a Eugenia y a Brisa, pero hizo caso omiso a su sangre justiciera y practicó el silencio. Echó ojos a su teléfono y retocó su maquillaje mientras veía con el rabo del ojo a Brisa, quien tenía los ojos humedecidos.

Impaciente y envuelta en dudas por la situación, Melania salió del cuarto. Miró en derredor el salón que lucía algo vacío. Resolvió sentarse en la primera silla junto a la barra, puesto que si Brisa bajaba las escalinatas contiguas al cuarto, ineludiblemente la advertiría. A pesar de no haberle dirigido antes palabra alguna, deseaba conversar con ella.

Melania juzgaba que por su timidez, Brisa estaba sin dudas en el negocio erróneo. Tan pronto como la muchacha descendió los escalones, se aproximó a la barra de Larry. Sin preámbulos, Melania entabló una charla con ella. La joven sufría una aprensión aciaga que se esmeraba en disimular. En la probidad de sus ojos negros contenía un bramido implícito de socorro.

Era oriunda de Noruega y hacía sólo unos meses que había

llegado a Australia. Un año menor que Melania, era de contextura pequeña, piel morena, cabellos negros con un brillo peculiar, y poseía una sonrisa preciosa y modales delicados. Se veía que había adquirido una educación recta en su hogar y estaba allí porque padecía de una necesidad inminente.

Melania advirtió que tanto Brisa, como María y ella misma, si bien eran distintas en su aspecto y procedencia, tenían un destino que en cierta forma las hacía iguales. Por ello, cuestionó a lo divino por la similitud de sus existencias y el lugar que escogió para enlazar sus destinos.

Incluso al ser las tres de la madrugada, todavía algunos se adentraban en el cabaret. Por lo general, los que se aparecían en esas horas de la madrugada gastaban sumas interesantes. Los acarreaba allí el insomnio, los excesos o la necesidad de libídine.

Melania mantenía como un amuleto el jamás contar su dinero hasta terminar su jornada. Sólo conjeturaba más o menos lo que tenía, y al sentir que estaba lejos de sus aspiraciones, decidió que no había más remedio que esforzarse hasta el cierre.

Hizo el intento con algunos parroquianos, pero al verse rechazada optaba por cualquier rincón oscuro para encender un cigarrillo, beber café y recuperar su fortaleza para una nueva acometida. Al cabo de un cuarto de hora se acercó a una pareja francesa y consiguió llevárselos al apartado. Al hacer de tripas corazón, se meneó para la dama, quien se integró magnetizada al retozo.

Luego de este encuentro sintió tal desgaste que buscó a Rose, pues precisaba darle un abrazo a su vivaracha amiga y relatarle sobre su paso por Brisbane. Rieron hasta ahogarse, pues a estas altas horas, el cansancio de Melania y los tragos de Rose se ajustaban apropiadamente. Al ser las 6 a.m., ambas anduvieron hasta el estacionamiento, donde Melania divisó la figura de Brisa que cruzaba el bulevar.

Melania se despidió de Rose, subió al automóvil, alcanzó a Brisa que esperaba por el autobús y se ofreció a acercarla a una vía más iluminada. Luego de dejarla en otra estación de autobús, sintió dolor por la muchacha como si la conociese de antaño.

Entró a su casa mientras extraía su teléfono del bolso. Lorenzo la había llamado, lo que le dio contento. También Petra dejó otro mensaje, en que invitaba a Melania a viajar hasta la ciudad de Adelaida para que bailara junto a ella.

A pesar que Melania apresaba el secreto de su opus por donde transitaba, a Lorenzo le hizo la confesión del modo en que se ganaba la vida, aunque había oído decir hasta el hartazgo a las chicas que ningún hombre te indultaba. Que al principio todos dirían que no había inconveniente, pero poco después te censuraban. Pero hecha trizas por sus mentiras, y entre tequilas y besos, Melania le puso al desnudo a Lorenzo su cuerpo y alma.

Preparó un té y se sentó en la mecedora blanca del balcón de su casa, lo que le dio el deseo de inmiscuirse en la resonancia de las aguas. Anhelaba callar esa voz incesante de los espectros ladinos. En su último parpadeo antes de quedar dormida, pensó en su abuela...

Melania volvió a reanudar las noches tediosas en su áspero trabajo donde las horas parecían inacabables. Era como si las hadas vertieran los fulgores de su gracia sobre otras menos ella. ¡Hasta escaseaba la diversidad en la clientela! Cada noche venían los usuales de siempre, que hasta el hecho de verlos resultaba soporífero.

Aquel moreno engreído, ¡qué vaya a saber Dios a qué rayos se dedicaba! El doctor Ralph, un médico regordete que buscaba a las más jovencitas para llevárselas a su casa por cantidades ínfimas. Edward, un norteamericano corredor de bolsa, que era un toxicómano enviciado hasta las tuercas y aborrecido por muchos por su petulancia. Pero lo cortejaban como un príncipe al llegar al club, debido a las exorbitantes sumas que gastaba. Por ello se rodeaba de las que soportaban sus códigos, como esas hermanas del emporio que se dieron a conocer la misma noche en que Melania se inició en este local. El tipo se deleitaba rodeado de ellas y después de las horas en que lo toleraban, otorgaba a unas una cantidad importante y a otras una limosna.

En ocasiones, Edward saludaba a Melania con simpatía y colocaba algunos billetes en sus bragas cuando ella bailaba en la tarima. Otras veces le cedía cantidades que equivalían a dos o tres días de labor. Por lo que en las noches aletargadas, Edward fue en varias oportunidades su salvador. ¡Es que hasta el más inesperado advertía a veces el aura que desplegaba Melania!

Como salidas de una galera, emergían en el club mujeres que provenían de los puntos más recónditos del planeta. Cada una traía sus aflicciones aferradas y sus leyendas desconcertantes.

Una noche una novata que generaba entradas como si fuera una máquina de hacer billetes fue la presa del doctor Ralph. A Paula, esa chilena de unos 25 años con un carisma muy particular y cirugías estéticas hasta en los tobillos, una vez saciada su sexualidad, el muy cretino la echó fuera de su casa sin pagarle. La arrojó como un pedazo de carne a la intemperie fría de un alba de junio. La muchachita, que no tenía ni un hombro en que apoyarse, llamó envuelta en llanto iracundo a Melania, quien para entonces leía serena en su lecho.

A duras penas logró Melania apaciguar a Paula por teléfono. Le exhortó a que no se moviese de donde estaba. De modo vehemente, se puso un abrigo sobre su pijama, corrió por las escaleras y salió a todo dar en su automóvil. En un santiamén llegó a la vivienda del doctor Ralph y divisó a la muchacha acurrucada al pie de un pino bajo una nevisca brutal.

A Melania se le estrujó el corazón. Se arrojó del vehículo y la cubrió con una manta, hasta subirla al automóvil y conducir de regreso hasta su morada. Con el intento de calmar el semblante de Paula, acarició los cabellos de la muchacha mientras la ayudaba a meterse en la tina.

Pero mientras Melania le decía que las lágrimas purificaban el alma, le agregó que ésta sería la última vez que la protegía, pues desde hacía tiempo Paula tenía el peligroso hábito de marcharse con los clientes. Después de acostar a Paula, Melania preparó té y echó devastada su cuerpo en la cama, mientras anhelaba dormir sin parar durante varios días.

Melania despertó en un mediodía pluvioso. Ameritaba otra tregua reconstructora, un ámbar que le resucitara las entrañas. Bebió ágilmente café, introdujo un par de bananas en su bolso y

¡qué más daba la lluvia! Andar sin rumbo ni prisas sería lo apropiado.

A los pocos pasos dados, prefirió sentarse en un banco de madera corroída para prestar atención a esos aldeanos, a quienes nada ofuscaba. Bajo briznas de nieve, constaban allí cada nuevo día con una esperanza eterna y unos rostros que sólo los religiosos conquistan.

Con parsimonia, abrió el libro que había comprado en Brisbane, se ajustó a su delgado cuello una bufanda color violeta y leyó durante un lapso indefinido. Se encontraba en disfrute pleno del escenario que la rodeaba. Nadie la conocía, ninguno le hablaría y eso le encantaba. Cuando la brisa relente le resultó insostenible de soportar, preguntó la hora a un aldeano y resolvió que era tiempo de volver a andar.

Llamó a María. Aunque ella también integraba el opus, su temple calmoso le era benéfico a Melania. Entre las dos al menos mitigaban sus trizas.

Pero mientras viajaba en el autobús que la llevaría al centro de la urbe, Melania repasó en su mente la propuesta de Petra. Comenzó a intrigarle la idea de viajar hasta Adelaida. Dudosa, decidió descender del autobús unas paradas antes del punto de encuentro con María. Entró a una tienda por chocolates y cigarrillos, y a la salida, se distrajo en las artesanías que vendía un africano, cuando una voz masculina la irrumpió por sorpresa.

Era Samuel, aquel español que de tanto en cuanto rondaba el cabaret. Un joven de dermis blanca, con unos ojos de coloración clara como el cielo de verano. Era profundo hacer contacto con su mirada, porque el ibérico poseía el don de ver lo etéreo. Se aparecía como un emisario en medio de las amanecidas en el cabaret, para esfumarse con la astucia de un espectro. Profería presagios que llevaban a Melania a meditar, pues particularmente a ella le hablaba con la precisión de uno que conoce de buena tinta su hálito.

Se saludaron con asombro. Él le dijo que vivía en la zona. Ella, aunque apremiada por la hora, le echó una que otra broma. Y en el instante en que se despedían, Samuel le dijo: "Eres como un tiburón al que han intentado atrapar. Será una época de cuantiosos azotes". Y cada uno caminó en orientaciones inversas.

Aquel enunciado la puso inestable, pero al ver a María con su sonrisa nítida, la abrazó con estima y evaporó sus dudas. Degustaron un helado, miraron las vidrieras de algunas tiendas y rieron hasta que la aparición de Oliver borró todo atisbo de alegría en su amiga. Se despidieron y María se subió al automóvil deportivo de este personaje que la llevaría al club. Melania, libre como el viento, quedó a la espera del autobús.

Ella lo decidía todo a solas, así que en el viaje de regreso a casa resolvió irse por una semana a Adelaida. Consideró que si bien esto sería sólo un cambio de escenario, y no de hábito, era la única evasión que por entonces estaba a su alcance. Compró un boleto de avión, llamó a Petra y le dijo que al cabo de dos días relumbraría en su ambiente.

La ilusión del viaje, la impresión de los aviones y el descubrir otro rincón en el atlas le sirvieron de ánimo en aquella noche en la que los grumos de nieve caían sin descanso mientras engalanaban la lumbrera pulcra que la guardaba de lo profano. Pensó en que Rose estaría a ciencia cierta en camino al cabaret. Recordó la piel de Lorenzo, pero consideró que mejor era detener la fantasía y aprontarse para la labor.

Corrió por las escaleras y se subió a su vehículo. Debía ser valiente como su madre, puesto que de seguro ya se rumoreaba el episodio entre Paula y el doctor Ralph, quien incluso vio a través de su ventana cuando ella recogía a la muchacha.

A pesar de su enorme calma, a Melania la acometió la indignación cuando el patán de Renzo le buscó bronca por haber asistido a Paula y, peor aún, al ver al abusivo del doctor Ralph que bebía a carcajadas en el salón, tal como si no hubiese hecho daño alguno.

Melania deseaba que la tierra se abriese y una mano prodigiosa pusiera fin a tanta barbarie. Le era inconcebible que este tipo estuviese allí, y que tanto Renzo como Tobías fuesen sus secuaces. Devoraba a estos monstruos con la vista cuando el brazo dadivoso de Bill la apartó de cometer un desatino.

Por fortuna, también, contaba con sus amigas María y Rose, quienes la contuvieron al decirle que bajo circunstancia alguna se marchara a casa. Debía hacer de tripas corazón y resistir como mejor pudiese.

En la práctica del opus, la ley de atracción era infalible, puesto que atraía fielmente lo que abrigaba, aunque estuviera muy lejos de las circunstancias de lo que urgía. Secó sus lágrimas de ira, se abrazó con fuerza a Cándida y salió a la jungla. El consuelo de que en dos días se iría aplacó al leviatán que allí dentro emergía.

Larry le dio el billete de amuleto de costumbre y un tequila doble, lo que le aportó resistencia para dar vuelta a la página. Melania se valió de la risa para ocultar su estado tétrico, porque para desvestir su alma habría espacio y tiempo.

De pie en ese sector del bar, Melania meneaba sus pequeñas caderas al compás de la música, mientras reía como en un desfile de carnaval en compañía de Eugenia, quien era un lamento constante, ya que todo le resultaba insuficiente para cubrir los lujos de principado que se tiraba. Bien o mal, juntas carcajeaban a menudo.

Aquella noche, a Melania la bebida la encumbró en el olvido y la apartó de la presión invariable de generar dinero. Cercana a ellas dos había un grupo del que salió un hombre bien parecido que las abordó y les obsequió unos cuantos billetes a ambas por el regocijo que emanaban. A continuación las invitó a sentarse junto a ellos a la mesa.

Al cabo de un lapso, el caballero condujo a Melania hacia los sillones de la parte trasera para que le bailase. Ella culminó su labor con este cliente a eso de casi las cuatro de la madrugada. El resto de aquella noche lo extinguió en compañía de Rose. Conforme el tequila le asentaba y se mantenía en el mutismo, avenó sus energías sitiadas e hipó como niña. Pero seguía con el castigo a su entelequia por la infamia de un vil.

Luego de una siesta en el avión, arribó a Adelaida ilusionada y reluciente. Vestía unas botas negras que cubrían la mitad de sus piernas, unos pantalones color índigo y un tapado blanco, posiblemente tan pulcro como lo había sido alguna vez su alma.

Avisó a Petra y se adentró en un taxi.

Melania se embelesó con la fragancia exquisita del mar, que incluso entre el olor de los aceites de los motores, podía absorberse hasta lo más profundo. El taxista no paraba de relatarles anécdotas, que a Melania le provocaban gracia y distraían su ansiedad. El auto se detuvo en casa de Petra y vino a su encuentro la holandesa Michelle, que también estuvo con ellas en Brisbane.

La recibieron con ese abrigo de familia característico de la cultura europea, así que Melania profesó un acercamiento sublime a su terruño. El reencuentro con las chicas era una festividad. Hicieron planes mientras comían chocolates y bebían té. Por un momento se detuvo el tiempo en las llamas que ardían en la chimenea.

Pese a las resonancias que la rodeaban, Melania se abstrajo y se remontó a antaño. Todo era idéntico: los sofás rosados, la chimenea... Sintió una intensidad que le sacudía las vísceras. Entonces reparó en las agujas del péndulo, que irónicamente marcaban la misma hora de aquella infame tarde. Un céfiro le corrió por la espalda y le quitó el velo de su rostro. Había sido en una tarde como ésta en la que unos asaltantes entraron a su hogar, mataron a sangre fría a su padre y la arrebataron del regazo de Ariadna, quien estaba pronta a dar a luz a Ignacio.

Ni la algarabía de las muchachas la desencajaron de ese recuerdo. A lo lejos aún oía tiroteos y gemidos. En querella con el pasado para apartarlo hasta la omisión, sintió la mano clemente de Michelle que le rozaba el hombro con ahínco.

Al día siguiente, con talantes refinados y sonrisas francas se hicieron presentes en el club las tres mujeres. Parecía como si hubiesen estado juntas en tiempos pasados. Es que eran análogas en su beldad e incluso en sus centelleantes energías. Cuando el sol apenas calentaba, ingresaron en una caverna donde el astro rey no tiene arte ni parte.

Un poco antes de las once de la mañana, mientras la cocina detrás del bar chamuscaba carnes y papas, y unos pocos se encontraban en las mesas, Melania se engalanó con un vestuario de dos piezas. Subió a la plataforma con maestría, y hasta cabría señalar que con liberación, puesto que no la oprimía el recelo de que alguno la conociese.

Con el rabillo del ojo, distinguió a Petra que bailaba al borde de una mesa, mientras Michelle intentaba convencer a un cliente. A Melania le parecía paradójico que esos parroquianos, mientras llenaban el estómago, también atiborraban su salacidad.

Hasta entonces apreciaba la divergencia abismal entre los personajes vespertinos y los noctívagos. Entraban y salían con tiempo diligente para satisfacerse. Unos, en el intervalo laboral, otros, posterior a ello, y previo al retorno a sus casas. Bajó de la plataforma, recorrió el salón y sin saber por dónde comenzar al sentirse más forastera que nunca, encendió un cigarrillo, se sentó junto a la barra y ordenó café.

De repente un individuo de tez clara, gran estatura y un acento infrecuente le habló. Con algo de empeño, Melania logró establecer la comunicación. El tipo era un sudafricano de nombre Khyentse y manejaba un lenguaje corporal relajado. Estaba en

Adelaida por un corto lapso y le era sugestivo el acento en inglés de ella. Para Melania, él resultaba el segmento objetivo para romper el hielo en un contexto distinto. Así que, sin indecisiones, aceptó su compañía.

Almorzaron en el bar y sin moverse de allí, Melania se contorneó para él durante unas baladas. Al despedirse, el sudafricano invitó a las tres mujeres a un concierto, y les dejó los boletos y su número telefónico. Incluso les mencionó donde las esperaría.

Al día siguiente, una vez que llegaron las ocho de la noche y terminó el opus diurno, las tres salieron como damiselas y se subieron con gran contento al vehículo de Petra, quien arrancó a todo andar para no llegar a una hora avanzada. ¡No todos los días se daba la ocasión de ver en primera fila y gratis a Phil Collins, que estaba de gira en sus últimas presentaciones!

A la llegada al coliseo advirtieron la efigie de Khyentse, que sobresalía entre la multitud con su generosa estatura. Las invitó a ocupar sus butacas. Melania estaba feliz mientras entonaba las baladas que amaba desde su adolescencia. Cuando llegó su predilecta, "True Colors", con desmedida emoción se paró de su asiento y alzó los brazos al cielo. Junto a ella lo hicieron sus amigas. Para Melania, esta balada encarnaba un fragmento de su vida en Australia. "La que le sacó los colores verdaderos", aquellos matices suyos que ignoraba.

Mientras el calendario no se detenía, un mediodía en que Melania se embellecía para salir a escena, una presencia captó el mayor de sus estupores. Era una muchacha de complexión pequeña y piel trigueña. Un vientre algo prominente le despuntaba en su figura. Melania, estupefacta, se dio prisa para terminar con su maquillaje. No podía hacer caso omiso a lo que sus ojos distinguían. Así que aceleró su maquillaje y salió del cuarto. Le resultaba un escarnio lo que veía, pero se dirigió a una mesa apartada y soslayó hacer comentario alguno.

La muchacha, que se llamaba Eva, fue llamada a la tarima. Con asiduidad trataba de disimular su figura, al sólo descubrir sus senos, mientras bailaba. Pero era notorio que constaba un embarazo ya avanzado, tal vez de unos cinco meses.

Melania inhaló profundo y pronunció en voz baja: "Dios te salve, Dios me libre". Cuando ya creía haberlo visto todo y subsistido con exorcismos y anatemas, el opus le apresaba hasta la extrema tenacidad humana. Pero las experiencias que veía no le habían arrebatado a Melania ni una partícula de su sensibilidad esencial, pues ya desde antes de haber echado a volar su éxodo, se sentía conmovida por el infortunio del prójimo.

Melania regresó a Nueva Gales del Sur. A esa urbe apacible que adoraba, pero comenzó a echar de menos a Petra y a Michelle. Aunque ya precisaba de su santuario, en cada regreso a su morada se le asignaba un desafío. Debatía si el péndulo ya había tocado fondo.

Envuelta en la manta de su abuela, salió al balcón y echó una mirada a ese paisaje que parecía un edén. Mientras se consumaba la fiereza del invierno, la nieve inmaculada ultimaba sus detalles en las llamativas arboladas. Parecía que los caudales de la Deidad habían volcado hasta la última exhalación inspiradora en aquel horizonte. Los ojos se extraviaban hasta la embriaguez en la ensoñación más inusitada.

Entonces indagó al Todopoderoso la razón por la cual recorría tantos trayectos en su vida. Una voz le murmuró con tono moderado, "Has sido, eres y serás Melania más allá de lo que hagas. Aunque despliegues tus alas, aunque te caigas, no temas a esos remolinos. Ellos serán el viento que hasta a mí te hará volar".

Luego de oír la voz, alcanzaba por lo general un éxtasis que la adormecía. De manera minuciosa, sus graderías confluían una a una en un punto místico. Deseaba confiar en la lealtad de esta voz, pero también entender de la misma el propósito de su opus.

Entonces, bajo ese idilio, bajó al muelle envuelta en una manta para dejarse acariciar por el fresco de la noche. Suspiraba por que el tiempo se detuviera ahí mismo, donde nadie le reconocía y nada la atormentaba.

De tanto en tanto, la debilidad o el hartazgo atormentaban a las bailarinas del cabaret. Entre ellas Melania, que sentía el peso de volver constantemente a este lugar. Y en ese momento entregaba su pujanza para no desertar.

Melania llamó a Rose, pues la certeza de su presencia en el cabaret la estimulaba. Y mejor aún si María y Brisa también convergían en la misma jornada. Era una noche de viernes en que por lo general el local estaba repleto y los timbales hacían vibrar el piso de la tarima.

Es que cada fin de semana tocaba una banda de percusión mientras las mujeres bailaban desnudas. Esto incomodaba a Melania, pero cuando coincidía con Rose en el escenario, sus energías se unificaban y mostraban una destreza exótica al mezclar el meneo de las caderas con los giros y las subidas y bajadas por el tubo, lo que provocaba una perplejidad del público, que llenaba de billetes la tarima.

Al igual que todo, el espectáculo tenía su final. Pero al menos en esos minutos Melania se abstraía de sus consternaciones. El arte de bailar la conectaba consigo misma.

Por aquel tiempo codiciaba con frenesí no verse conmovida por el prójimo. Sólo intentaba generar dinero y regresar a su morada. Un día divisó a lo lejos a la pareja francesa. Cuando el caballero levantó su brazo para saludar a Melania, ella se les aproximó con prisa. Apenas llegó al lado de ellos, la dama le ciñó la cintura con sus manos delgadas. Hizo tripas corazón, les sonrió y de súbito, se marcharon todos hacia el área privada.

Sacudían ardores de hembra en esta francesa. El francés le arrulló al oído a Melania, "Tienes todo lo que una mujer desea". A ella poca gracia le hacía esto, pero con el rostro cubierto por la cabellera, les delineó un retozo. Al terminar con ellos, tomó cognición de que sólo fueron dos horas, pero las profesó como si hubieran sido cuatro. Mientras los despedía de pie en el peldaño superior de esa área, a lo lejos pudo captar la atmósfera típica de una noche de viernes.

Sus compañeras sentadas en el bar a la espera de esos que parecen jamás llegar. Con ligereza, Melania alcanzó a Brisa para saber cómo le marchaba el negocio. Mientras echaban un párrafo, una figura sentada al otro lado del bar de Larry la intrigó. El guapísimo caballero tenía su cabello renegrido y largo hasta los hombros. Sus rasgos eran asiáticos y poseía una sonrisa radiante.

Melania, a pesar de estar contrapuesta a seguir los impulsos para aproximarse a los clientes, analizó el contexto por unos minutos. Al parecer, el caballero estaba solo, así que dio manos a la obra. Se llamaba Jason y era vietnamita. De inmediato se estableció a través de sus sonrisas un enlace entre ambos. Por un momento, recordó a Jack, que años atrás la sedujo y la abandonó, lo que fue la causa para que desde entonces no se dejara encantar con otro cliente.

¡Vaya incoherencia! Ambos reunidos en aquel reino inmenso al cual muchos suspiraban emigrar. Jason le dijo que no le pagaría por bailes, pero sí por su compañía. Melania se sintió venturosa, puesto que al mirar en derredor, no había un partido mejor, mientras sus compañeras eran un lamento tras otro.

A Melania le impacientaba Brisa, a quien en ocasiones motivaba para que generase, pero la opacidad de Eugenia la llevaba hasta los desvíos más absurdos. Reconoció a Rose a pocas mesas de distancia. Ella reía eufórica al lado del bienhechor de Alex. Mientras tanto, debido a la hora, de seguro María se habría marchado.

Melania se donó al momento y se acurrucó contigua a Jason mientras tomaba café y fumaba un cigarrillo. Era una de esas ínfimas noches en las que no consideraba al opus como una punición. Al contrario, era como si la cautivara con su sortilegio. Hasta la llevaba a creer que aquél era el soplo de la juventud lozana en que sólo deseabas que ese encantamiento no feneciera, que las estrellas no extinguieran su resplandor en el cielo.

No menos insensato era el anhelo del idilio más pulcro que se haya creado, al que unos dementes denominaron "amor". Pero cuando las luces de neón se encendían, colorín colorado, la fantasía había acabado, la juventud había terminado y lo que quedaba del amor, a la desidia había pasado.

Entre la escarcha de aquel mes de junio, condujo alegre hasta su morada. Preparó té y tomó un baño. Cuando secaba su figura, la irrumpió de súbito la campanilla del teléfono. Pero decidió ignorarla. Urgía de un instante dilatado en sigilo.

Sin embargo, se vio acometida por recuerdos nocivos. Una marca en el brazo fue el percutor para revivir sus adversidades. Si bien habían pasado unos años, supo que las marcas corporales podía purificarlas con el agua, que enjuagaba casi todo, pero que las viles se acarreaban por dentro. Melania revivió las cicatrices, las injurias, el suplicio con aquel miserable de su ex novio. Maldijo al pasado y deseó que fuera un espíritu que jamás descansara en su nicho. Tanto aquel necio, el psicópata que la restregó en la niñez y el asesino de su padre eran los recuerdos que la aturdían.

Se dio cuenta que a pesar del cansancio, nada remediaría si se entregaba al lecho. Se arropó casualmente, se adornó la cabellera con una bandana blanca y aunque el sol no exhibía ni el más pequeño rayo, se engalanó con unas gafas.

Con pasos de arrebato emprendió la rambla, aunque no eran más de las siete de esa mañana helada. Sólo unos pocos circulaban. Entre ellos, los que muchos llamaban erráticos, esas almas desprotegidas sin techo, ni comida. Allá en la última banca, justo antes de la escalera que llevaba al parque de la biblioteca, estaba una mujer preciosa de ojos grises, entumecida por el frío y con la expresión de necesidad de socorro en el rostro.

A Melania se le comprimió el corazón. Pensó en hablarle, pero consideró mejor ir por algo de comer y regresar. Cruzó la avenida, compró café y unos panecillos, y se los entregó con afecto a la mujer. La saludó, pero ella no emitió ni un solo vocablo.

De un modo u otro, entre las fantasías retraídas y la opulencia desmedida que observaba, a Melania el prójimo le tocaba el alma, la estremecía. Era la persuasión fiel para vivificar la corriente sanguínea por sus venas. Era mucho más que una imagen, era una esencia virtuosa penetrada en aquella representación esplendente.

Inundada de agotamiento, cayó tendida en su cama. Le era inaplazable dar defunción a aquellos espíritus pérfidos. Despertó de noche avanzada y tomó conciencia de que no había ido a trabajar. Preparó una sopa, oyó sus melodías predilectas y se sentó con serenidad tras el ventanal, mientras retomó la lectura del libro de reencarnaciones que trajo por la mañana.

Ya las novelas la aburrían. Precisaba entender la conexión de los hechos con esos lémures que la atosigaban. Si bien su madre la preparó para mostrarse escéptica a esos conceptos como de clarividentes, aquella dama egregia poseía una practicidad única y su hija era dueña de una curiosidad ineludible, por lo que a escondidas, no cesaba las búsquedas. Cuando Melania hacía mención de estos temas, aún dibujaba en su mente el rostro exasperado de su progenitora.

En ese momento, como por arte de magia vio una tarjeta detrás de la portada del libro. Pertenecía a una señora que prometía romper los vínculos con los espíritus y también leía las cartas del tarot. Intentó hacerle caso omiso y penetrar en la lectura de "Muchas vidas, muchos maestros", de Brian Weiss, aunque los relatos allí mencionados la aterraban algo.

Tampoco entendía como esa tarjeta llegó a parar al libro. No veía la concordancia entre los renacimientos y las energías viles. Pero la enternecía la gran historia de apego que se transportaba entre las páginas que volteaba. Se asemejaban al amor que Melania profesaba por su abuela. Ese afecto inconmensurable que va más allá de los vínculos sanguíneos. Esa certeza de conexión, esa lealtad señera, esas miradas que dan caída a todos los velos sin necesidad de párrafos. Ese enlace que quizás no se da dos veces en la vida.

Quitó los ojos de las carillas y dio un vistazo hacia el balcón. Ya rayaba el alba y anheló abrazarla. Preparó un té, se quitó la manta que envolvía sus hombros y se lavó el rostro. Era incapaz de regresar a la cama, así que con la prisa típica en ella cuando las emociones le pesaban y sin siquiera quitarse el pijama, vistió un abrigo color turquesa y se calzó unas botas marrones, aunque dejó a un lado sus gafas.

Se aventó por las escaleras y abrió con ímpetu la puerta que desemboscaba al muelle. Al concebir consuelo en ese céfiro impávido que le acarició el perfil, dio albedrío a su marcha mientras instaba el despertar de aquella voz que era su esperanza. Pero no alcanzó su conquista.

Al cabo de un rato de andar, alzó la mirada a la cúspide de la biblioteca para estar al corriente de la hora. Eran las siete y media de la mañana. Ingresó al supermercado, sólo que esta vez por otra puerta que la habitual. Se detuvo ante la báscula para registrar su peso y cuando descendía de la misma para tomar una canasta, una mujer cincuentona de aspecto intrigante y con un acento europeo en su inglés, le murmuró, "Puedo ver tu futuro. Tendrás un hijo sin padre", y le dio una tarjeta.

Melania recibió en mutismo la tarjeta y se alejó. Pero cuando estaba en línea para pagar por la mercadería, miró la tarjeta. ¿Acaso se trataba de la misma que apareció dentro del libro? Incierta, la guardó en el bolsillo de su tapado. Recogió las bolsas y en la salida del supermercado logró distinguir a la mujer entre los autos estacionados, mientras colocaba tarjetas en los automóviles.

Melania repasó la coincidencia y reflexionó una tentación, pero mejor apaciguó su avidez y decidió volver a casa, cocinar, descansar, e invocar a aquella voz, que preveía tener todas las réplicas del acertijo.

Procuraba un balance entre sus dos identidades. La soledad un tanto la curaba y otro poco la arruinaba. No se resignaba a las usanzas, sólo al soplo con que las llevaba a cabo. Los días resistían su finitud y las noches prolongaban un cambio. Apostó a ir al cabaret antes de las ocho de la noche para ahorrarse el pago del "house fee".

El frío le penetró hasta la médula de los huesos al llegar a horas tan tempranas a ese local vacío. Puso maquillaje en sus pestañas y realzó sus labios pulposos con una tonalidad roja. También vistió unas bragas con brillos para aumentar el deseo que emitían sus caderas sugestivas. Se atavió con un vestido negro muy ceñido a su codiciada silueta, se subió a los tacones y en ese instante se le convocó a la tarima.

Entre movimientos sensuales, divisó la entrada de tres hombres de un andar firme, acompañados de una mujer que tendría unos cincuenta y tantos años. Si bien vestían atuendos casuales, Melania distinguió que ellos llevaban una credencial colgada al cuello. La escena era intrigante. Melania quería ponerse al corriente de lo que sucedía, pues sin asomo de dudas, ellos no eran clientes.

Por otro lado estaba Sheyla, la encargada del turno, una australiana cuarentona, pero aún encantadora con su figura de quinceañera, su cabellera dorada y su sonrisa franca. Pero era adepta a los narcóticos, algo que quizás adquirió durante los añares que llevaba en la industria, que ya sumaban la mitad de su existencia. Continuamente a eso de las dos de la madrugada, los estimulantes le pasaban factura a Sheyla y la torsión de su mandíbula era notoria. Pero ni bajo ese curso se ennegrecía su aura compasiva.

Melania se vistió rápidamente con la certeza de que algo atípico sobrevenía. Para entonces los caballeros, la dama y Sheyla estaban de pie a la salida del "Golden". Melania profesó nerviosismo, así que encendió un cigarrillo y aguardó un indicio mientras se mantenía de pie contigua al cuarto de baño.

En eso llegó Joane, que caminaba de lado por el peso exagerado de sus glúteos, y puso a Melania al tanto de los episodios de la noche anterior. Resultaba que esos caballeros eran peritos y la señora que los acompañaba, la viuda de alguien que murió en el cabaret.

Melania quedó boquiabierta y reverenció a la creación por haber experimentado ese sueño recóndito, porque de no haber seguido su instinto, hubiese presenciado el incidente patético de esa noche. Resulta que un tipo adinerado, nativo de Sídney, rentó un cuarto privado para darse un gran banquete de estupefacientes ante los ojos de una sola bailarina. Pero mientras la chica meneaba los muslos en sus testículos, le llegó la muerte con un ataque cardíaco fulminante.

Al ocurrir esto, se desató un despliegue de ambulancias, adentrándose los paramédicos al Golden en un intento fallido por revivir al individuo. Pero al no ser posible, el cadáver tuvo que quedarse en el cabaret hasta que lo viera el forense. La policía se llevó a la chica rumana, que la vara perniciosa de algún hada maligna designó para acompañar a la víctima en sus minutos terminales.

Por lógica, este evento desmedido ahuyentó momentáneamente a la clientela y puso bajo tiesura excesiva a las chicas por temor a que las trasladaran a la jefatura de policía, e inclusive, a que la misma migra se apareciera por allí.

Una vez que Joane le hizo el relato de los hechos, Melania comenzó a atar cabos. Eran las nueve de la noche y apenas había bailarinas, excepto una canadiense y ella. Y un solo cliente se encontraba en el local. De maduro caía que el pánico circundaba entre los que estuvieron allí, y que a estas alturas ya se había corrido la voz para los que no asistieron.

La viuda estaba ahí para enterarse del modo en que falleció su esposo. ¡Vaya tormento colectivo que provocó el desborde del millonario que aspiraba a saciar su vicio en privacidad!

Hasta la carroza mortuoria visitó al burdel. Ahí estuvo luego la visita de esa despiadada que todo lo arrasa, la que los cristianos lloran y los budistas consideran que no hay que temer, "la muerte". Conmocionada, Melania entretejía que la existencia bajo el "opus" superaba todas las fábulas y que si alguien le hubiese leído cartas del tarot, o hasta el destino en sus ojos, lo hubiese descreído hasta ahora que lo vivía.

Llamó a Rose. Sin su amiga, la permanencia allí le resultaría casi insostenible. A veces temía que sus querubines la desairaran un instante y que justo ahí, el duende, blanco y socarrón que desposee a los endebles, le formulara una mala jugada.

Pero Rose consideró mejor quedarse en casa, pues había sido testigo de lo sucedido y tenía conocimiento de que la policía sondeaba a quien abasteció de sustancias al difunto, por lo que ella y sus amigas se mantendrían al margen por un lapso. A modo de resignación, Melania le pidió a Larry una taza de café y se sentó esa noche junto a su barra, entregada a la buena de Dios.

Y de repente vio a David, aquel australiano de barbilla cuadrada que comúnmente se sentaba a la barra principal, mientras que con su talante apaciguado fumaba un habano. El buen hombre arrojaba un hálito diáfano que al decirle a Melania que se centrara en los vivos, y no en los muertos, reducía la emoción errada de ella.

David le iluminaba hasta durante la cerrazón más tétrica. Era un profeta al que la unía el corazón. Su amigo la contuvo hasta ser llamada a la tarima y como en cada ocasión, puso un billete en sus bragas y la abrazó. Para entonces el local comenzó a llenarse poco a poco. David la había renovado con su afecto, así que ya contaba con fuerzas necesarias para hacer su labor.

Al bajar de la tarima, se arrimó a un moreno que la devoraba con sus ojos inmensos. Pero sólo le dio unos bailes en el piso, puesto que el tacaño se resistió a pagar por los privados. Pero fue una buena apertura. Al menos contaba con una vibra sensible, algo que no era de despreciar aquella noche.

Pronto reconoció el andar característico de Gerard, ese amigo de Rose que usaba un bastón para ayudarse mientras arrastraba su pierna izquierda. Aguardó a que él tomara asiento y fue a su encuentro. Si bien el ardor en la mirada de Gerard era perspicaz, su compañía era un remanso. Y aunque era un conocido del inepto de Renzo, era también un caballero amoroso, de buen porte para su edad a pesar de haber sido emboscado por los reveses más viles del destino.

Al ver a Melania, a Gerard se le encendía el semblante apagado y la cortejaba. Le apretaba sus manos y luego le acariciaba la frente con un deseo ardiente de ampararla, algo que a ella la disuadía.

Gerard tampoco era capaz de pasar en silencio las revelaciones que desde alguna fuente recibía. Inhalaba profundo y provocaba un contacto directo de sus ojos con los de Melania. Ahí era cuando ella le reclamaba qué sucedía, qué testimonio recibía. Él le manifestaba, "Perdóname, pero hay una energía afanosa que me atrae hacia ti y soy incapaz de callar lo que me llega. Pero recuerda, de todo lo que padeces serás redimida.".

A Melania le sacudía una avalancha de recelos, le invadía la duda de si consentir o negarse a su compañía. Pero lo cierto era que siempre convergía en ambos una utopía y, de un modo u otro, Gerard le proveía afecto, y también dinero, sin subyugarla. Por ello lo acompañó hasta la salida, donde lo abrazó con cariño.

Luego de aquel vaivén de emociones y el ponerse al tanto de que corrían las dos de la madrugada, Melania se dio un respiro. Precisaba unos minutos consigo misma mientras pensaba en si marcharse o no a casa. Fue al cuarto de baño y decidió quedarse al menos otra hora, o hasta que su alma pudiese llevar esa cruz.

Al salir al salón, vio en el extremo opuesto a Bill, quien cargaba a una muchacha en brazos mientras apartaba a la gente y vencía su cojera para llegar al camerino. Melania prefirió permanecer donde se encontraba, pues se resistía a presenciar otro melodrama. Encendió un cigarrillo en busca de aplacar su angustia y comenzó a sondear en su mente por qué no se habría marchado después de su encuentro con Gerard.

Pero antes de que ella dilucidara el motivo, Bill la llamaba para que auxiliase a Jen, quien era la muchacha que cargó en sus brazos. Aturdida, Melania saltó de la silla en donde se encontraba y corrió tras Bill. Al adentrarse al camerino, vio a la jovencita inconsciente y semidesnuda sentada en ese sillón roñoso, sofocada en náuseas y despidiendo una espuma blanca por la boca. A un costado estaba un atado de billetes que se le había desprendido de su liga.

Melania se quedó sin aliento al contemplar la calamitosa escena.

Mientras tanto, Bill sacaba a todas las intrusas del camerino. Cuando terminó, le dijo a Melania, "Tú eres su amiga y sabes donde vive. Te pido que te la lleves. Se le fue la mano con los narcóticos y tenemos que evitar que intervenga la policía". Dicho esto, salió del cuarto.

Melania desplegó como pudo su instinto humano. La forzó a beber bastante agua para limpiar su sistema, la higienizó, la vistió y recogió los billetes del piso. Pero por más esfuerzo que ponía, Jen no daba indicio de reaccionar. En ese momento se hizo presente Iris y puso la verdad al desnudo.

Jen estuvo durante dos horas en un cuarto privado, por lo que cargaba tanto dinero con ella. Ahí dentro abusó de las sustancias hasta que resbaló inconsciente al piso. El cliente que estaba con ella se asustó y se marchó. En ese momento, Bill vio cómo salía atropelladamente el individuo, por lo que decidió entrar al cuarto. Al ver el espectáculo, Bill cargó a Jen en sus brazos y se la llevó al camerino.

No obstante a sus esfuerzos, el esmero de Melania por recomponer a Jen fue en vano. Sin más recursos, llamaron a los paramédicos, quienes sugirieron trasladar a la joven al hospital. Le pidieron a Melania que los acompañara, así que se cambió de prisa, recogió su bolso y salió con ellos.

Melania subió sin titubeos a la ambulancia donde habían colocado a Jen, quien para entonces yacía canalizada y con tubos de oxígeno, pero sin un vaticinio inmediato.

Aquel traslado al hospital le fue eterno a Melania. Sólo podía retener su reflexión en rogar para que Jen sobreviviera. Una vez que se detuvo la ambulancia y llevaron a la muchacha a la sala de emergencia, Melania clavó la mirada en las agujas de un reloj en la pared central. Tan sólo habían transcurrido diecisiete minutos, que le fueron un verdadero suplicio.

Melania sintió un escalofrió hondo. Esta vez no interrogó a la divinidad, sino que con el sentir de una chiquilla, soltó su aliento envuelto en lágrimas. Estaba encolerizada con el duende blanco y socarrón, que de un modo u otro la atosigaba, pero también la avivaba.

La sorprendió un policía afable que le proveyó un vaso con agua, le explicó que le requirieron que ella los acompañase porque Jen no contaba con familia en Nueva Gales del Sur, y se excusó por tener que proceder con un interrogatorio. Melania se frotó los dedos en sus ojos y asintió. El agente le aclaró que debían hablar de muchos puntos, pues buscaba a los proveedores de sustancias dentro del cabaret.

Ni bien terminado el cuestionario, un médico los aproximó para darles el informe acerca del estado de Jen, quien había sufrido un pre infarto por sobredosis, pero por fortuna continuaba con vida y afloraría de ésta. Tanto la policía como el cuerpo médico asintieron a que Melania se marchase a descansar, así que al salir del hospital, se subió a un taxi que la llevó al estacionamiento del cabaret para recoger su auto y de inmediato condujo hasta su santa morada.

Otro albor, otro episodio del opus, otra capa del alma que se le malversaba. Siempre existía otra y otra más, mientras que el final se fundía en la línea idéntica del principio.

Ya en su casa encendió velas, se denudó y se echó al suelo de la sala mientras cerraba los ojos, ahogados en todas las lágrimas necesarias para avenar su espíritu marchito. Se enteró que durmió al abrir sus ojos con la salida del sol detrás de una montaña. De inmediato oyó a la voz bendita que musitó, " Levántate, no te sientas turbada. Recuerda que estos ciclones hasta a mí te harán volar."

Se refundió con el palpitar de su existencia, inhaló profundo y alcanzó su propia paz. Preparó té y ya en sus cabales, accedió a tomar un largo baño regenerador. Aquel día aspiraba a la armonía y al cariño, por lo que la mente le trajo a su último amor.

Envuelta en la toalla y con el cabello salpicado de agua, llamó a Lorenzo. Si bien habían transcurrido unos meses desde que se vieron, le irrumpía de vez en cuando el recuerdo del último que le dio algo de amor. Ella se negaba a razonar y de nuevo en desatino, acordó reunirse con él durante los próximos dos días en el punto intermedio de Sídney, para acortar distancias para ambos.

Esa siesta contaba con algunas horas hasta la salida del tren, por lo que después de alistar su maleta, llamó a María para compartir un café. En el camino hacia a la cafetería pasaría por la biblioteca. Deseaba un libro que le aminorara las horas de viaje y aplacara el aleteo de las mariposas que batían su estómago debido a su ansiado encuentro con Lorenzo.

Se engalanó con un jean color negro, una blusa roja, su tapado favorito de color blanco y botas grises, sin dejar de lado las gafas. De inmediato se echó a la caminata. La nieve que había dejado de caer, retoñaba en escarcha, tanto en la madera de la rambla, como al pie de los árboles, la costa y las calles.

Siendo casi medianoche, arribó a Sídney. Se remontó a doce años atrás, cuando siendo una joven lozana, llegó allí con más sueños que equipaje. La estación de trenes lucía pintoresca, iluminada y extraordinariamente limpia. Echó un vistazo, y al parecer, Lorenzo no llegaba aún. Se sentó en un banco y para que la espera fuese menos importuna, abrió el libro de Osho titulado "Amor."

Cuando había leído menos de una carilla, unas flores color ambarino cubrieron el libro. Ahí estaba ese italiano buen mozo con su sonrisa resplandeciente, quien la rodeó con sus brazos contenedores y le susurró al oído, "Ciao cara, amore mio".

Mientras sepultaban todo tiempo pasado y futuro, como almas que se reconocen en toda su piel, se refundieron uno en el otro en aquel cuarto de hotel y no despertaron hasta el crepúsculo. Él la besaba sin respiro y ella urgía de ese desvarío. Ese ensueño de que eran uno para el otro conmemoraba que seguía viva.

A pesar de que no cabía el futuro, Melania estaba feliz. Pero a pocas horas de la despedida, Lorenzo proclamó su regreso definitivo a Italia, lo que la dejó sin habla. Aunque su destino eran las desapariciones y lejanías, el mero hecho de conocer otra la entristecía. De certeza cargaba ese profesar desde el instante en que asesinaron a su padre.

La falta de contacto físico con los que amaba le rasgaba la melancolía. De algún modo pisaba sus huellas. Y en las noches, suspiraba que si ciertamente existía otra vida, pudiera volver a acariciar a los que amó en ésta.

Se le escurrió una lágrima. Una difícil de contener, pues era honda. Pero optó por el silencio inteligente que casi todo lo abrevia y evadió oír el alegato de Lorenzo. Ordenó un tequila en el bar cercano a la estación de trenes, se puso al tanto de la hora y lo incitó a que pidiera otro para un brindis. Le deseó dicha y también le rogó no emitiera más verbo alguno, sino que sólo la abrazara.

Ya en casa, llamó a Rose para verla esa misma noche. Quería sepultar aquel atisbo de dolor y justo previo a desarmar su maleta, extrajo de un baúl una efigie de su padre, la colocó sobre la mesa de noche y volvió a hacer la promesa quebrantada de no enamorarse más. No contaba con vida para aguardar por Lorenzo, o por cualquier otro.

Se preparó como para una boda. Se atavió con un vestido que nunca había usado, calzó tacones, maquilló sus ojos y saltó con ímpetu dentro de su vehículo. Se adentró a la disco donde la esperaba Rose junto a sus amigos trastornados, pero Melania quería aturdirse en lo desconocido, en algo que le extirpara su sentir. Se dispuso a gozar mientras bailaba y bebía entre esos extraviados. Como no había hecho en mucho tiempo, bailó hasta ser sorprendida por el encenderse de las luces de neón que anunciaban el final.

Tomada del brazo de Rose, caminó hasta el estacionamiento en risa ininterrumpida. Mientras condujo de regreso, recapacitó que llevaba cuatro noches sin dormir y de no hacerlo, el cosmético no obraría algo mágico para tapar los cercos del rostro. Tomó un baño alífero y se echó a la cama. Para deliberar, ya le sobrarían horas.

Al despertarse, el primer pensamiento que la invadió fue Jen. La llamó, pero no respondía al teléfono. Aunque ya habría de estar de alta del sanatorio, con esa jovencita todo era impredecible. Tal vez hasta estaría en el cabaret como si nada le hubiese pasado.

Melania tenía en su mente trabajar esa noche. Pero antes deseaba circular por el muelle y la rambla, con el anhelo ferviente de ver a los nómades y llevarles panes que ella misma había horneado con una receta de su hermano Ignacio. Dio manos a la obra, los puso en recipientes y salió a recorrer la zona, donde acertó con unos rostros familiares. Pero faltaba "la mujer hermosa", por lo que anduvo con sinsabor en otras direcciones, mientras preguntaba a los que la conocían. Pero no obtuvo información alguna.

Hasta que decidió sentarse al extremo de la rambla, cerca de la banca que ella ocupaba siempre, por si regresaba. En zozobra, encendió un cigarrillo y se puso al tanto de que había olvidado cargar un libro por si acaso. Prorrogó su estancia hasta que el cielo desplegó su acuarela en la caída de la tarde, pero "ella" nunca llegó.

Sin más remedio, Melania entregó los panes que guardaba para "la mujer hermosa" a otro de los errantes e inició a pasos lentos el regreso a su morada entre la ilusión de que apareciera y el temor de no volver a verla.

Se percató de que su madre y Arturo la habían llamado, pero no era el momento de responder. Era hora de vaciar la mente y otro tanto el corazón, e ir a trabajar.

Intentó emperifollarse y salir a la jungla. Allá se hizo presente después de cuatro noches y días intensos.

Una bondad de la noche fue la presencia de Brisa en el camerino, quien la saludó alegremente, sin hacer un comentario impertinente de lo sucedido con Jen. Ambas salieron al piso en silencio y al descender los escalones del sector preferencial, Melania divisó a Arturo, el millonario abnegado de origen latino, que tanto la apreciaba. Así que sin fluctuaciones, avanzó a su encuentro.

Al verla, Arturo se puso de pie con gesto cortés y apartándose de los demás ocupantes de la mesa, la tomó por la cintura, la besó en la mano derecha, le aproximó una silla y le dio a beber champaña.

El encanto que Arturo sentía por Melania era inenarrable. Si bien para cumplir sus fantasías de hombre escogía a las muy jóvenes, también la distinguía a ella sobre el resto, mientras le decía a todos: "Mira la elegancia y belleza de esta mujer". Y a veces la mantenía a su lado durante toda la noche, mientras él bebía y gozaba de la seducción de las otras. Le asumía una confianza tan ciega, que en ocasiones le entregaba su billetera para que cuando se embriagara, las aves de rapiña no tomaran ventaja.

Arturo rondaba los sesenta años. Era dueño de la empresa de refrescos más popular en su país. Y también, era el ex cuñado de Rafael, su amigo entrañable. Por juegos del destino, Melania conoció a ambos por separado e ignoraba su vínculo hasta una noche en que ambos coincidieron en el cabaret.

Lo que de estos caballeros emanaba era muy benefactor para

ella. Arturo pagaba tanto dinero por su compañía, que a Melania no le cabía en las bragas. De tanto en tanto decía que necesitaba ir al baño y en realidad iba a guardar el dinero en su casillero.

Arturo llegaba a Nueva Gales del Sur tres o cuatro veces al año y la generosidad de ese señor en unas seis horas amortizaba la supervivencia de Melania por el lapso de dos meses. Sin presunción, era un querube que por una gnosis furtiva, la gracia divina sostenía en el carrusel para detenerlo justo frente a Melania. Cada estancia de Arturo la llevaba a la perplejidad absoluta de la gratitud extrema, puesto que no sólo le dejaba sus sumas exorbitantes, sino también los destellos de su ardor vivaz.

Habiéndose encendido las luces de neón y salido el último cliente, Bill escoltó a Melania hasta su vehículo para asegurarse estuviese a salvo. Ella condujo en estado de gloria. De un modo u otro, el cosmos le retribuía sus sinsabores. Un soplo le recorrió cada célula, así que detuvo su auto en la báscula que conectaba las aguas del canal con las del océano y confluían en su morada. Bajó del coche y alzó los brazos al infinito, mientras inundaba sus entrañas con ese aire puro.

El viento le trajo la evocación de su abuela. Cada día, Melania pensaba en ella con una emoción apresa. Juzgó de cuanta desigualdad se componía el orbe, puesto que aunque todos íbamos sin clemencia hacia el mismo sepulcro, había tantos en la indigencia y otros muchos en la plétora. Se despidió de los matices y se fue a casa.

Tan pronto puso un pie dentro de su morada, descosió el velo para que segregaran las verdades. Dio espacio a su ritual: preparó té, abrió el grifo de la bañadera y dejó el agua correr. Se adentró a la tinaja e intentó orar, porque aseguran que ésa era la manera más justa de agradecer.

Aunque digan que sólo se pierde algo cuando se ha tenido, ni el oro ni el moro le restituían lo que se le había ido, aunque Melania sí lo había poseído. Por más que ahondara en su pesquisa, ni una sombra existía. Extinguió el contento con el que había nacido y tal como María, sólo delineaba una sonrisa.

Llamó a su madre, quien la exhortó a llevar a cabo una actividad que le diera dicha. Cargó en el bolso un abrigo y los patines. Tomó el autobús hacia el extremo opuesto de la ciudad, y durante el viaje trató de ponerse al corriente con su lectura. A poco más de una hora arribó a la pista con la exención de un ave, permitiéndose amar el instante presente.

Trazaba en el hielo las estrías de su mapa de vida. Cada giro le era una fruición y, como antes, volvía a reír. Patinó con el misticismo de una novicia hasta el alud de la noche. Empapada en sudor, se dirigió a los vestidores a cambiarse antes de que la corriente fría la entumeciera.

En ese momento un joven le interrumpió el paso y le comentó: "Te he visto antes. ¿Te llamas Victoria, cierto? Patinas tan armonioso como bailas. ¿Cuando trabajas?" Melania se llenó de ira. A duras penas lo miró con desaire por el rabillo del ojo, le hizo caso omiso y prosiguió hacia los vestuarios.

Invocó en todos los idiomas que al salir, este fatuo ya se hubiese marchado. Una vez en la parada del autobús se sintió entre ánimos ambiguos por la actitud de ese tipo. Oyó el sonar de su teléfono, del que se había apartado en esa tarde de patinaje. Era su amiga Giovanna, a quien Melania admiraba tanto por su talante saleroso, como por no permitir que alguien le substrajera un segundo en vano.

Acordaron verse en un bar alemán ubicado en el centro de la urbe. Giovanna poseía el atributo de darle la importancia exacta a todo. Sin embargo, Melania vestía un atuendo casual, como diciendo que qué más daba. Al jugar billar y beber tequila, dicen que las penas se olvidan. Hasta que llegó la madrugada y el cansancio advirtió a su cuerpo, por lo que decidió regresar a casa.

Pasada la resaca de las copas y trasnochadas, justo en su último parpadeo, resonaron en su mente las palabras de su abuela: "No temas, hija".

De vuelta al cabaret, abrió la puerta pequeña del camerino. Sin una razón definida, sentía un sorprendente atisbo de alegría, pues no era poca cosa mantener ese estado ahí dentro. En un acto atípico, había decorado sus pestañas en casa, puesto que el evento le llevaba como unos veinte minutos. Esa noche deseaba brincar como conejita de un sitio a otro, sin permanencia en ninguno.

Pero entre las trece mujeres, más Cándida e Iris, se encontraba el áspero de Peter gritándoles a todas por su sobrepeso. Ella se comportó con mudez mientras echaba crema a su cuerpo, se ataviaba con un acicalado vestido color azul cielo, se subía a los tacones y salía de prisa, no fuese que la vibra proterva la contaminara.

Pisándole el andar, salió Eugenia, quien le confesó tener cuatro meses de embarazo y le agregó. "A ti no te hastían porque eres blanca y delgada". Pero Melania le objetó, "Agradece que estoy de buen ánimo y no te respondo", y siguió su paso.

Se había propuesto que nadie la perturbaría de allí en adelante. De hecho, la noche era joven para melodramas. Y mientras esperaba por Rose, tomó asiento a la barra del alborozado de Larry y encendió un cigarrillo. Al cabo de un breve lapso, un tipo de aspecto insípido y modales vulgares la aproximó. Si bien ella lo evitaba, él insistía en la conversación, incomodándola con interpelaciones fuera de lugar, hasta lograr que ella ignorara su palpitar, fuera más flexible y se marchara con el sujeto a uno de los cuartos privados.

Una vez ambos ahí dentro, él le pidió que le rozara los senos en su pecho y, de vez en cuando, le aprisionara las aréolas con furia. Melania juzgó que allá cada uno con sus morbos, por lo que hizo de tripas corazón y se esmeró por cumplirle sus fantasías.

Los minutos se hacían perpetuos hasta que de repente, el ruin la empujó hasta hacerla caer en el sofá frente a ellos y le reclamó, "¡No eres más que una prostituta de doscientos dólares! ¡Siempre serás eso, inútil!" Al sentirse impotente, Melania cubrió la figura con su vestido y salió del cuarto mientras oía los insultos del descarado.

En un acto desesperado buscó a Bill, quien le dijo que mejor se marchara a casa, aunque sólo fuese la una de la madrugada. Mientras cien ojos la devoraban, tomó su bolso, pagó las costas de la casa y se sujetó al brazo piadoso de Bill hasta la puerta de salida.

Antes de subir al auto, se frotó con frenesí una toalla húmeda por todo el rostro, recogió su cabellera, renovó su aire en un suspiro y salió a toda marcha por la avenida mientras se aturdía con el radio. Cautiva de tirria, llegó en un parpadeo a su morada. Sabía a ciencia cierta que pasaría otra aurora en vela, pero no daría lugar a que alguien la sojuzgara.

Tomó una ducha ligera con agua helada, preparó te, se arropó, y serena y sin reparos, se arrojó a la calle. Se mezcló en el muelle con los lugareños y trató de impregnarse en esa adaptación que los caracteriza. Ya en calma, encendió un cigarrillo mientras ansiaba descarriar la cognición. Y de súbito, la imagen de la "mujer hermosa" la abordó con una agitación inequívoca. Así que se levantó de un brinco de la banca y salió hacia la rambla con deseos de localizarla.

Anduvo hasta el extremo donde mayormente ella descansaba, cuando a unos diez metros antes de la esquina divisó las luces intermitentes de una ambulancia. En pánico, corrió hasta alcanzarla. Los paramédicos cargaban a alguien. Melania indagó sobre la emergencia, cuando antes que cubrieran el rostro del cuerpo y lo cargaran, supo amargamente que era "ella" la víctima y lloró sin consuelo.

Los paramédicos le dijeron que la pericia policial había establecido que ella había sido asesinada, y todo presumía que por otro de los errantes. Melania se sentó al pie del árbol del parque mientras veía a la ambulancia alejarse. Incapaz de controlar un gemido insondable y en escasez de lenitivos, se rodeó con sus brazos. Le espeluznaba pensar que la carroza negra la rondaba muy de cerca.

Absorta por otra muerte, abrió los ojos y vio que no estaba más que acompañada por las luces que iluminaban la noche. Se le hizo un nudo en la garganta al pensar que moriría en soledad. Pero al incorporase, un policía que custodiaba el área le dijo haberla visto antes. El agente se ofreció cordialmente en llevarla hasta su casa. Cuando caminaban hasta el auto del uniformado, éste le dijo, "¿Por qué lloras? Eres muy sentimental para este capitalismo". Melania se mantuvo entristecida y sin habla en el viaje hasta su morada.

Por entonces acaecía la primavera con sus renuevos dotados de hermosura en las arboledas y los matices cenicientos del océano, que eran una celebración a la vida. Por cierto, ya con menos asiduidad Melania visitaba la biblioteca. Mejor suturaba su alma con el patinaje. En esa práctica le daba valor a su respiración y tal como le dijo su madre, hacía algo que la proveía de dicha.

En una noche de domingo, en la cual no más que cinco individuos estaban en el cabaret. No obstante, Melania bailaba en la tarima compenetrada en sus destrezas. De repente, un brío la llevó a mirar el paso parsimonioso de un caballero que llegaba y que poco después se arrimó a contemplarla enajenado y puso unos billetes en sus bragas.

Y en ese entretanto hubo una conexión entre ambos. Él era de fisonomía asiática y un cabello renegrido de un largo hasta la terminación de la nuca, con una sonrisa perfecta y una estatura que coincidía con la de Melania. Al acercarse a la tarima, le dijo, "Ven a verme cuando termines".

De tal modo ella procedió y de súbito, entablaron un diálogo con lo que Melania se enteró que el caballero se llamaba Antonio y era nativo del Uruguay. Dijo ser asesor financiero, aunque también un gitano que daba vueltas por el mundo. De repente, él le susurró, "Eres una musa inspiradora, bella por donde se te aviste".

Entre tantas cosas que Melania había oído a lo largo de su vivir, admitió que aún nadie le había dicho esos léxicos. Se sonrió, pero esta vez fue desde dentro, como en años no le sucedía. Antonio y ella compartieron unas horas en las que él invirtió un monto generoso, que vale señalar fue un redentor en esa noche desolada.

Intercambiaron números telefónicos. Y a partir de allí, sin que uno ni otro lo previesen, se desató una leyenda de apego y furores. Él, como gitano reencarnado en otra piel, dejó Australia para regresar a los Estados Unidos, pero se encargó de amparar la ilusión en ella. Por su parte, Melania seguía con su diario vivir y en las madrugadas, contemplaba el retrato del único varón que fue su gran amor, al que le prometió no enamorarse nunca más.

Harto difícil le resultaba desnaturalizar la compasión. Incluso en una jornada triunfante, el destino le emplazaba en su pasaje a alguien, ante quien sentía que se le desvestía la médula del espíritu. Y Melania no poseía la habilidad de otras de ni siquiera oír. Peor aún, a todo lo que escuchaba, se lo llevaba consigo.

Como a la fatalidad de Eugenia, una indocumentada madre de dos niños y otro en camino. Y como su barriga era ya evidente, al subir a la tarima se descubría los senos y mostraba un tanto las nalgas, sin dejar al descubierto el vientre. De tan sólo verla, a Melania se le comprimía el ánimo, pues le era imposible no tomarla en cuenta.

También Ingrid, esa española esbelta que ni por error esbozaba una sonrisa. Si bien hacía dinero como máquina, nada le bastaba para cubrir los gastos de sus dos hijos y un marido equívoco que tenía en su casa. Y como si todo fuese poco, cada vez que veía a Melania, le narraba una malaventura.

Todo era un desgaste irreparable. Mientras ellas aligeraban sus suplicios y se metían como si nada a los cuartos a hacer de las suyas con los clientes, éstos dejaban a Melania hecha harapos. Ese ambiente la aletargaba, añadido a que para aquella época, después de ocho años de opus, no le quedaba ni una parte del cuerpo sin dolencias y sus gripes eran más usuales.

El descanso diurno le resultaba exiguo. El organismo le cobraba a esa alma que ella había errado vaya Dios a saber dónde, tal vez en el momento preciso en que dio inicio al opus.

De vez en cuando, al estar en la compañía de "el profeta" David, él la miraba con sus ojos pequeños detrás de esas gafas y le señalaba cuan a menudo ella se enfermaba. Por otro lado, Ignacio y Ariadna no le hacían acotaciones, pero con ese pesar del amor puro, se les quebraban las voces en condolencia por ella. Quienes la amaban con sus averías, avistaban su quebranto. Pero no así ella misma.

Bajo una lluvia inacabable y a pesar de su lasitud, Melania se sentó al piso del muelle después de una noche extenuante. Eran las 8:00 de la mañana de un nuevo día, que factiblemente sería como el de ayer. Compró café al vendedor ambulante que jamás paraba de trabajar, e instó a la lluvia que la "voz venerable" recobrara vida. Llevaba meses sin escuchar el paliativo sagrado.

Recordó que las monjas decían que la oración otorga calma, por lo que rezó un poco, pero nada más falible para ella. Entonces, al cabo de una espera inerte, con las bravuras a flor de piel, decidió que un té caliente con miel y gotas de limón mermaría su resfriado. Se entregaría al sueño como una esposa ataviada.

Por entonces, mientras la primavera se aislaba, Melania se soterraba entre gripes y mejorías. Es decir que en cuanto se sentía un poco restablecida, trabajaba hasta que otra vez recaía. Enclavada en su cuarto amplio de paredes irreprochables, dormía y otro tanto leía. Antonio era un acicate, aunque en la lejanía. Y pensó en su amigo Rafael que repetía: "No hay que dilapidar energías intentando doblegar al destino".

Pero ella obstinada, todo lo veía a su modo voluble. Como si le urgiera lo ficticio para mantenerse viva. Tenía tiesa la vorágine que sacudía sus días, mientras el enamorado describía los paisajes de los escondites que pisaba por cada continente y le decía que pronto la vería.

Una noche Melania fulguraba en el cabaret, engalanada en un vestido color negro tan ceñido a los senos como a la cintura. Bajaba unos escalones cuando de súbito lo divisó sentado a la misma mesa en que se ubicó aquella noche para contemplarla mientras ella bailaba. Y sin eufemismos, caminó hacia él, quien al verla desplegó una sonrisa ardorosa.

Antonio se puso de pie y la rodeó con un abrazo repleto de alegría. Ambos se apartaron hacia el área privada y bebieron vino blanco. Avivaron en cada balada la flama ardorosa que los encantaba, ésa de lo que aún no se ha consumado. Él aguardó por ella afuera del club y antes del primer rayo del alba, estaban a la mesa de una cafetería para desayunar juntos.

Entre caricias y seducciones, proyectaron una peripecia para cualquier día, que vaya el cielo a saber si iba a llegar. Poco después, siendo las nueve de otra mañana, cada uno emprendió su camino. El encanto centelleaba, y aunque no fuera más que una quimera, Melania existía entre delirios.

Apenas si durmió. Como hacía largo tiempo no experimentaba, pegó un salto de la cama rellena de vigor. Abrió las ventanas y vio que por fin había dejado de llover. Era mediodía, miró hacia el muelle y vio que el arco iris se formaba tan perfecto como los que recordaba de su infancia. Bebió té y vestida de pijamas, bajó a revisar su correo.

Lorenzo le había enviado una postal y su madre una carta. Mientras abría el sobre de Ariadna, sin pensarlo dos veces, botó a la basura la postal. Subió al elevador como si nada hubiese acontecido, mientras con sus dedos rozaba con apego incontable la remisa de su madre. De inmediato en su apartamento, la leyó y se secó los sollozos de emoción.

Como llevaba días sin depositar las ganancias en el banco, ni visitar a los erráticos, se vistió con lo primero que encontró, se recogió el cabello, buscó su bolso y se subió a su vehículo. Como no sólo de utopía se compone el diario vivir, realizó lo terrenal.

Y luego, sin afanarse en regresar a casa, dejándose transportar por el atractivo de la urbe, se sentó a una banca y abrió un libro, mientras daba pan a las palomas en aquella plaza del área bancaria. Poco después se acicaló sus gafas oscuras y dio rienda suelta al anonimato que llevaba encarnado entre el pecho y el aliento.

Tan suspirada como desolada, se obligaba a ahuyentarse de las paredes impecables de su cuarto, como de ese vano que la dilapidaba en todas las vísperas y auroras. A una hora avanzada repasó la invitación de Antonio a San Francisco, pero consideró que por ahora eso no fuese más que un deseo, aunque le desgastase los sesos.

Puso su palpitar a un costado, bebió una medicina que extrajo del bolso y al darle certeza Rose que trabajaría esa noche, emprendió vía a esa parte privilegiada de la metrópoli donde tenía su morada. Así que entonando la canción de los Gipsy Kings "A mi manera", toleró el tránsito insufrible hasta llegar a su casa.

Al secarse del agua de la ducha, se miró al espejo y se dijo, "Un día más". Hizo presencia en el club casi a las diez de la noche, no mucho después que su amiga. Al parecer, la vibra sería llevadera. Antonio la llamó y le dijo que tuviese en cuenta lo del viaje, y que la esperaba a cenar la noche siguiente.

Pero ya por entonces Melania conocía de las artimañas masculinas, cuyo objetivo era que una los pensara y deseara a más no poder. Por lo que entre su profesar sensiblero, no olvidó que ya no tenía tiempo para esperar a alguien, sobre todo cuando la distancia siempre retozaba un rol principal en su mapa.

Y como bien le repetía Giovanna que, "A tu equipaje déjalo afuera", intentó despojarse de su otra identidad, se emperifolló y de súbito se metió en la jungla. Mientras echaba un vistazo al panorama, advirtió a Raymond en la barra central, aquel veterano de origen estadounidense y piel tan nívea que le recordaba a su abuelo.

Melania disfrutaba desde adentro junto a este señor de naturaleza alegre, quien era la prueba fiel de una doble vida, puesto que su esposa ignoraba de su adicción empedernida al cabaret y a las blondas. Tal como un ritual, Raymond llevaba años concurriendo al club, siempre entre las ocho y nueve de la noche. Ordenaba su cerveza e invitaba a cocteles a quienes se les acercaban, pagaba por bailes de mesa, y una que otra vez, asumía el desliz de un cuarto privado.

Quererlo era inevitable. Su contento le disipaba a Melania algo de tanta negrura, y sobre todo en ocasiones en que él le daba el valor del "house fee". Sin dudas, aquel veterano era uno de esos pocos que le borraba de la memoria las tensiones, aunque no fuese más que por un momento. No obstante, una vez que se marchaba, había que continuar y echar manos a la obra en la ardua labor.

Con su andar refinado, muchas eran las miradas que desviaba Melania, pero el hada puso la vara en manos de Adams en esa jornada. Ella rondaba la barra de Larry mientras se acomodaba la cabellera, cuando justo en un momento convergió su mirada con la de Adams. Ella le sonrió y él le devolvió el gesto. Melania esperó a que él se ubicara y tuviese un licor consigo, y fue entonces cuando se le acercó.

Adams procedía de Houston, era de porte aristocrático, cabello grisáceo y unos ojos castaños claros detrás de unos costosos anteojos. De súbito le dijo que ella fue una elegida por tanta beldad y la condujo al área privada. Le pagó doble por los cuatro bailes que compró, y le dijo, "Te veo luego".

Hasta lo que iba de la noche no cabían quejas. Fue consumiendo las horas en intentos con muchos, porque hasta con las piedras hablaba, pero suerte con pocos. Entre tanto, pudo ver que Adams seguía en la barra, y aunque variaba de compañía, se mantenía casi inmóvil. Hasta que en un momento en que Melania caminaba al cuarto de baño, él la detuvo por las caderas e indagó si ella bailaría para otra de las mujeres. Ella respondió sin oscilaciones que sí, cuando descubrió que la enviaba con Gabriela la europea, que estaba sentada al otro lado del bar.

Resultaba que el tipo tenía harto dinero y se entretenía mirando como una dama acariciaba a otra. Así que sin dar vueltas al asunto, Melania se quitó el vestido y comenzó a menearse para Gabriela, mientras la europea le acariciaba espalda y los senos con la mirada puesta en Adams, que las devoraba detrás de esos anteojos.

Terminadas cinco baladas, él pagó doble una vez más. Pero nada hastiaba tanto a Melania como ser tocada por otra mujer. Profesaba aprehensión en ese acto. Era un palpe tan repulsivo tal vez, como el de aquel ruin que la hurgó en su infancia. Y esas iconografías arribaban a su mente una que otra vez, provocándole una ira licenciosa, avideces de huir tan lejos que la memoria no la pudiese apresar.

Se refugió en el cuarto de baño del otro lado del salón, donde pocos iban, para enjuagarse los senos y el cuello, y tomarse un respiro a solas. Pero le cedió poco espacio a la mente, porque de consentirla, saldría desaforada por esa puerta hacia la rambla a aclamar a "la voz".

De retorno al salón, saludó a Stuart, un cincuentón de estatura generosa y aspecto pulcro. De ánimo feliz siempre, pero depravado hasta la coronilla por las jovencitas y otro tanto por las de senos pequeños. No obstante, agasajaba a Melania con fragancias y billetes grandes en sus bragas cuando ella daba su show.

Eran moneda corriente las caras nuevas de cada jornada. Luego aquel día, una que tendría unos diez años menos que Melania estaba junto a Stuart. El depravado, después de dirigir halagos a Melania, pidió que ambas bailasen para él. De inmediato asintió la jovencita, quien hizo la tentativa de tocarle los senos y glúteos a Melania. Juntas fueron la parodia lésbica más apetecida del lugar.

Con los sentidos irreflexivos y el cuerpo empalagoso, Melania recogió su paga, besó a Stuart y siendo casi las cinco de la mañana, se sentó a la barra de Larry, encendió un cigarrillo y bebió café mientras con su último suspiro esperaba la hora del cierre.

Luego de no poder conciliar el sueño en su casa, Melania comenzó a dar volteretas en la cama, asediada por el sudor de manos que la tocaban sin tregua. Encendió la luz, anduvo hacia el balcón y se extravió aletargada en la luz de la luna. Ameritaba ser como ella, que aunque sola, siempre buscaba centellear.

Entró a la cocina por té y se sentó en la mecedora. Creía intuir el motivo de las otras que optaban por la penetración. Es que a decir verdad, tanto palpo le asqueaba hasta las entrañas. Pero para que rayos seguir dilapidando la mente en ello, si jamás podría hacerlo. Precisaba inhumar al leviatán. Aunque también le era imperioso ese momento diario para encontrarse con ella.

Mientras llevaba a cabo aquel ritual que las unía, Melania se quedaba en la hamaca circundada por la manta que su abuela le tejió. Buscaba un pedacito de aquella mujer entrañable en cada señora que cruzaba por las vías. Conocía cada una de las dolencias que habían afectado a ese pobre cuerpo, así como las aflicciones que apenaban su alma. No cabía epíteto para narrar tanto acerca de ella. Su abuela era el alfa y omega, el principio y el final. Y Melania sufría por la vida de carestía que ella había llevado desde su nacimiento y la manera afrentosa en que se iba apagando.

Acongojada, al verse iluminada por la primera luz del alba, se tendió en su lecho y con el retrato de su padre a un costado, comenzó a dormir.

Siendo un lunes que coincidió con la llegada del verano, Melania quiso dejar atrás el tiempo y el momento exacto para hacer algo. Nadó con entusiasmo y esa sal de la playa pareció haberla revivido. Al salir de las aguas, anduvo unos metros hasta la roca donde solía sentarse a beber café y observar a los erráticos, sobre todo a "la mujer hermosa".

Pero al cabo de unos minutos oyó una voz gritar su nombre e inquieta miró hacia los lados. Sin dudas, esa voz le era familiar. Hasta que divisó a una de las tres hermanas del emporio (como Melania las llamaba). Natalia, la mayor de ellas, estaba en esa playa junto a unos amigos. Se les acercó, pues aunque entre ella y esa gente no coexistían muchas similitudes, nada mal caía algo de diversión.

Bebieron margaritas hasta el anochecer y bailaron al compás de los atabales que resonaban desde un hotel lujosísimo adyacente a la rambla. Cuanto terminó la música, ellos decidieron continuar la fiesta en cualquier otro sitio, pero Melania prefirió ir a casa. Y en el momento en que emprendió el regreso por la arenilla, Antonio la llamó religiosamente como todos los días, para aseverar la ilusión.

Así que Melania deliraba como doncella a través de un teléfono. Contaba con cuarenta y ocho horas para decidir el viaje hacia San Francisco para encontrarlo. Ya en el elevador, reñían su corazón y su razón. El primero le susurraba, "Ve, vive", mientras que el segundo intrigaba, "No hay tiempo para esperar ni para enamorarse".

Se adentró a su morada y al abrir la lumbrera de par en par para que la humedad la incluyera junto con el chillido a lo lejos de los manatíes, se sintió feliz.

Como Dios la trajo al mundo, merodeaba por la casa mientras abría placares para despedir efemérides, hasta que en un soplo se le reveló. Era "La voz honorable" en vaticinio. "También esa ventisca hasta a mí te hará volar". Y absorta otra vez, dudó acerca de Antonio, pero esa porción urdidora de ella la incitaba al capricho de conocer la verdad. De lo contrario, todo quedaría en el tintero. Tomó un baño e intentó leer para ahuyentar a los lémures.

Los que llegaban al cabaret no advirtieran el desamparo de Melania en esa noche fogosa donde habitaban más mujeres que clientes. Ella se dispuso a apaciguarse en compañía de Kevin, otro de los regulares, que al menos la entretenía.

Este australiano, que rozaba los sesenta años, vestía como adolescente y trabajaba para el gobierno, era todo un caballero. Si bien no mucho le daba, actuaba con decencia. Aunque Melania nunca se rindió a la insistencia de Kevin de que aceptara un buen día dar vueltas abrazada a él en su moto. Ella lo estimaba, pero de ahí a salir con Kevin, ni muerta. La dignidad ante todo, era su lema.

En medio de aquel episodio, Melania pensaba cómo y cuándo sería el momento en que colgaría los tacones para siempre, y colorín colorado, el opus se había enterrado. Y aunque una que otra propuesta llegaba a su cabeza, ella no buscaba quien la salvara de allí. Aspiraba a más, algo para muchos inverosímil.

Durante esos años vio irse a algunas con un príncipe azul, para luego regresar en contextos dramáticos. También vio a otras parir a sus hijos repletas de ilusiones, para también volver de peor manera. Y aunque dicen que cada uno construye su destino, nadie estaba exento de nada. Quien diría que ella, ama de una seguridad innegable al andar y de ese porte galante, era de un sentir profundo mientras sostenía una copa y sonreía.

Como extraída de una galera, ataviada de ropas lujosas y tomada al brazo de un gorila, apareció Carol, una brasileña esclava de las substancias y la lujuria. Miraba a todas por encima del hombro, con ínfulas de gran señora, porque había salido del cabaret y ahora tenía marido. Inevitablemente, Melania volteó a mirarla, cuando desde la barra Eugenia, Rose y Brisa cruzaron los ojos con ella, las cuatro en perplejidad. Carol actuaba como que las desconocía, incluyendo al caritativo de Bill, al que trató como un criado y le inquirió que los ubicara en la parte preferencial, sin ser importunados.

Melania pensó en que el día que pusiese un pie fuera de ese cabaret, al sitio menos indicado que quisiera volver sería allí, ¡Nada tenía que mostrarle a nadie! Su fidelidad era hacia ella misma y punto.

Así iban cayendo los telones del opus, los velos que libraban al descubierto esas facetas solapadas. Melania tragó de un sorbo su tequila, dio vuelta la página y se dio a las andanzas, puesto que unos que otros habían llegado y debía generar su pan de cada día.

Sin un reparar excesivo en las demás, como el sol que se ponía jornada tras jornada, así llevaba ella su vida, consciente de que si estuviese en otra carne un solo minuto, detendría el carrusel que se le asignó bajo esa identidad.

Mientras circulaba por el salón, una silueta que nunca antes había visto absorbió su atención. Tal vez porque la manera en que esa mujer se sentaba en la silla del bar era demasiado irreal. Era como un boceto arcaico, al que el paso del tiempo había indultado de todo. La mujer advirtió el repaso metódico de Melania, quien le brindó una sonrisa y acercándosele, se presentó.

La mujer, de actuar prevenido, fue más lo que indagó que lo que confesó. Procedía de Hawái, su nombre era Sara, tenía cabellos azabache, estatura aventajada y senos prominentes, atributo que cautivaba a muchos caballeros. Mencionó haber visto antes a Melania, pero se jactó de un talante tímido y por ende, poco hablaba con las demás.

Pero esa fachada se esfumó poco después cuando Sara le relató a Melania mucho sobre ella. Era una viajera que llevaba añares en la industria. Si bien lo que la sorprendió fue que esa mujer, durante los nueve años en los que habitó Honolulu, trabajaba desde su casa y no socializaba con nadie, sólo en una oportunidad en la que tomó café con un vecino. Añadió que ella se llevaba bien sólo consigo misma.

Durante el resto de la noche, Melania imaginó la miseria que habrían sido aquellos años para Sara. Razonó que a ese aislamiento te lleva el opus, a esa clausura hacia la vidorria, porque llegas a hacer tu mundo de ese mundo, ése criticado por los de afuera y justificado por los de adentro. Ella instó postrada al cosmos que la exonerara de tal condena. Subió a la tarima, fantaseó al público, pero con la fluctuación asida al alma sin saber qué periplo le quedaba realizar con su opus.

Para colmo de males, mientras se encontraba algo enredada en las fruslerías de su mente, era rebotada como pelota de una mesa a otra, y la noche no era tan joven como para dejarla al azar. Concluyó por cambiarse el vestido, trasformar su envoltura como si fuese otra jornada. Entonó de rojo sus labios para no pasar inadvertida y luego de sentarse al bar del área preferencial, encendió un cigarrillo.

A los pocos minutos se le acercó Renzo como emisario de ese jugador de béisbol, un moreno norteamericano que cada tanto revelaba lo mañoso en la lobreguez de las confusiones. Al beber y ponerse hasta las tuercas con sustancias, el ego malsano de Jay repulsaba a muchas. Pero no así a Melania, quizás porque ella lo trataba como a uno del montón, sin nutrir su egocentrismo sandio.

Con convicción, Melania siguió a Renzo y entró al cuarto privado donde Jay hacía antesala. Hasta entonces, ninguna cortina se había cerrado cuando le bailaba, para constar que ella no hacía el sexo. En principio, Melania consideró ilusa que las advertencias sobrarían, pero el muy cretino dio rienda suelta a sus manos húmedas por tanta cocaína consumida y en un manoteo repulsivo intentó sojuzgarla. Ella instintivamente lo apartó, mientras sintió aversión por el sudor que él emanaba en todo el cuerpo, peor que en otras ocasiones.

Melania le aclaró los puntos sin rodeos, le recordó los límites y le señaló que, se comportara. Jay acató la advertencia a pesar de su descontento, pero le replicó que esperaba que algún día ella fuese más flexible, pues él la elegía entre tantas. Por otro lado, Melania pudo calmarlo con su pujanza señera. Le acariciaba el pecho y le restregaba las nalgas en su órgano reproductor. Entretanto, él, ante tantos tóxicos, ni reaccionaba.

Pero de repente llegó el instante en que Jay reanudó su instinto animal y la sometió debajo de su cuerpo. Le lamió los senos, le arrancó las bragas y de modo bestial introdujo su sexo en su vagina. Aunque una alterada Melania le demandó que no lo hiciera y pudo liberarse entre lágrimas, el miserable logró la penetración. Cuando el daño ya estaba hecho, la soltó extraviada como una fiera.

Entonces Melania se vistió de prisa y abrió las cortinas cómplices de su infortunio. Corrió hacia el cuarto de baño afectada por aquel suceso, que le sería dificultoso de suprimir.

Sentada en el inodoro, sintiéndose el ser más abominable, dudó de la existencia de los serafines, puesto que el propio satán cobró vida a través de Jay.

Peor que en su niñez, se sintió mancillada del modo más execrable. Se puso de pie ante el lavabo, renegó mirarse en el espejo, refregó sus partes con excesivo jabón y se marchó al camerino. En ese momento Renzo le cortó el andar y al advertirle el maquillaje corrido por el rostro, le manifestó con tono de sanción, "¿Qué vale más, el dinero o la basura que te sientes? Esto le provocó a Melania aún mayor coraje y dolor.

Entumecida por el ramalazo, recogió sus cosas en mutismo absoluto. Llegó a su morada y bajó al muelle aún de madrugada. Se sumergió en las aguas saladas para que el yodo lo fregase todo. Mientras nadaba, mutilaba en lágrimas. Se prometió sepultar aquello y jamás comentarlo con alguien.

Cuando el amanecer rayaba sus primeros matices, se retiró de la costa. Se adentró en su casa, eligió dejar de sentir, tomó somníferos y se abrazó al retrato de su hermano. Durmió casi 24 horas y despertó con la reminiscencia a flor de piel. Pero aunque los vestigios punzaran, no había tiempo ni vida para atascarse en abrigarlos.

Amasó panecillos y luego de hornearlos, los colocó en esa canasta primorosa que le había regalado su abuela. Preparó los avíos imprescindibles y apenas si tuvo voluntad para cambiarse. Excluyó el teléfono, pues anhelaba retraimiento, y salió en busca de las almas errantes. Descubrirlos era su único aliciente contra el suicidio.

Por fortuna, esas almas la hicieron dejar su revés, al ponerla a pensar cuántos de ellos quizás también fueron abusados. Melania prestó atención a aquel caballero de aire aristocrático que se engalanaba con un sombrero. Él movía su brazo derecho para saludar a quien pasara, pero jamás pronunciaba un vocablo. Sin dudas, algunas palabras habrían golpeado sus oídos y por ello dispuso sobrevivir en ese sigilo tan sabio, en el que nadie te hiere.

El señor normalmente reposaba en la banca de las afueras de la biblioteca, pero otras veces caminaba por el barrio. A no ser por el olor algo fuerte que emanaba su piel, no podría sospecharse que era también un errante. Degustó encantado los panecillos y siguió su camino. Poco después, Melania lo imitaba bajo los primeros perezosos rayos del sol. Pero lo hizo de forma pausada, como quien nadie espera, ni nada debe.

Subió las escaleras con la satisfacción de que la canasta quedara vacía y con la noción de aquellos ojos aglutinados a su espíritu. Sólo allí quería permanecer. Tal vez en el silencio lo acertara todo. Bebió té, extrajo de una gaveta esa foto familiar, la posó sobre su pecho, ingirió sus pastillas y se desprendió del mundo.

Sin saber cómo, despertó al mediodía desconcertada como un niño que dan en adopción. Llamó a Rose y a Antonio, quienes habían llenado con inquietud el buzón de mensajes de su teléfono. Melania reconoció sus avideces vehementes de ser abrazada hasta las vísceras, por lo que asintió al viaje a San Francisco, sin reparos en que el remedio podría ser peor que la enfermedad.

Como gitana en busca de una hacienda para armar tribu, de puerto en aeropuerto, ella buscaba el amor. Repetidamente se ponía de pie con la esperanza de que ése fuera al fin al que el viento la iba a acercar. Y cuando ya la incertidumbre le carcomía los sesos, se dignó a aparecer el sujeto en cuestión.

Antonio, agitado por llegar con tardanza, obtuvo lágrimas y sonrisas de ella con un repertorio de pretextos por el percance. La rebosó de besos y la subió al automóvil que los conduciría al hotel. Poco después, ambos salieron desatinados a explorar esa urbe faustuosa. Y en un minuto en que ella se sentó en la gradilla de una acera, sintió haber estado ahí anteriormente. Cuando miró hacia arriba, vio que como un pájaro flameaba una bandera italiana.

En busca de evitar que la nostalgia la asediara, Antonio trató de calmarla con chocolates. Pero de todas formas, la morriña circuló entera por su sangre. Se disoció en la emoción de que así era ser un inmigrante, en tragarse la desventura más grande, o bien conllevarla con extraños, esos que formaban parte de tu vida sin pertenecer a ella.

Ella pretendía sentir lo más afín a la felicidad, pero su pasado e intuición la disuadían. Existía una opacidad en los ojos de él que la confundía. Peor todavía, cuando cruzaban aquel viaducto que comunicaba la ciudad con el valle, Antonio se sonrojó por el timbre del teléfono e ignoró el llamado, mientras ella se hacía de la vista gorda.

Pero Melania seguía sin saber fielmente qué la atraía de ese viajero por el que había cruzado los océanos que separaban dos continentes. Mejor sería que hiciera caso omiso al instinto. Al fin y al cabo, estaría a su lado por tres días. No obstante, la ternura de aquel latino la hechizaba y se entregó a sus brazos como una cenicienta mientras él le declamaba, "Cuando te vi, supe que te había tenido antes. Y ahora vuelves a ser mía".

Entonces, como esas almas despojadas a las que apartó previamente el infortunio, el romance los envolvió y se compenetraron la una con el otro. Y en la despedida hubo un sinsabor misterioso, como secuelas añejas de adioses entre ambos. ¡Pero que más daba! ¡Quizás llegaría el momento para reencontrarse!

Cuando el avión alzó vuelo, Melania miró por la ventanilla ese cielo que se teñía de matices anaranjados, mientras las estrellas emergían poco a poco para sellar la finitud del día. Apasionada, concibió cuánto un solo día hace una diferencia en toda una vida. Esta vez sintió un atisbo de haber entregado profuso.

Mientras estrechaba la manta que le tejió su abuela, se durmió perdida en la sinfonía de la canción "Yellow" de Coldplay que dice, "Look at the stars. Look how they shine for you, and everything you do. Yeah they were all yellow. I came along I wrote a song for you, and all the things you do. Yeah they were all yellow" (Mira las estrellas. Mira como brillan para ti, y todo lo que haces. Sí, todas eran amarillas. Llegué, y escribí una canción para ti, y todas las cosas que haces. Sí, todas eran amarillas).

Al cabo de tres semanas desde su desdicha, alineó su cuerpo al ponerlo como un esclavo de un instinto que acata mandatos. Poco después visitó a un mexicano que limpiaba energías, realizaba conexiones con lémures y a través de un ritual con el uso de aceites de color verde, cortaba cualquier lazo entre el abusador y la víctima de una transgresión.

Esteban, que era el nombre del mexicano, le dijo a Melania que su padre velaba por ella desde la eternidad y hasta le reveló las condiciones crueles de su muerte sin que ella lo hubiese mencionado, lo que la llevó a una conmoción desmedida. Él hizo unas contorsiones corporales asombrosas al final de la curación, pero agregó que poco útil sería para ella conocer sobre esos hálitos insensatos, que podrían habérsele pegado a su aura cristalina. La despidió luego de venderle velas blancas para que alumbrasen a la esfinge de su primogénito y pedirle que se inclinara por la oración.

Para entonces Melania, menos perturbada luego de ver a Esteban, resolvió retomar su opus, pero ya con cogniciones del modo de rezar y de deshacerse de cualquier indumentaria color negro que poseyese. Pondría esmero en atraer la luz y no las penumbras.

Sucedió que una muchacha oriunda de Jamaica llamada Zoe había llegado al cabaret en su ausencia y ni bien vio a Melania, se aproximó a ella. La joven tenía un tono de dermis oscuro que hacía centellar aún más su aura diáfana. De facciones armoniosas y una masa muscular firme, Zoe era un querubín como ninguno antes Melania vio ahí dentro.

Ella creyó que Esteban, su tendencia hacia la luz y Zoe marcaban un reinicio. Tan pronto salió a la jungla, fue a saludar a su feligrés Larry y al piadoso de Bill, mientras batallaba con los demontres de la memoria y se sentía como una novata en el arte del opus.

Mientras saboreaba un café, no quitaba los ojos de Zoe, que marchaba parsimoniosa del área privada al salón mientras sujetaba una bolsita de raso. Se desplazaba de una manera admirable, constaba un algo indescriptible en ella e intrigaba a Melania el motivo por el que aprisionaba la bolsita color azul que cargaba en su mano derecha.

Aunque bastante sucedía en los alrededores, Melania prefirió aguardar ser llamada a la tarima antes de dar manos a la obra. Le era preciso reconectarse con su actitud firme, de lo contrario, si salía de ella un vislumbre de fragilidad, sería tiranizada por cualquiera.

Sucedió que mientras Melania hacía sus impecables maniobras en el tubo, David la miraba contiguo a la tarima y su presencia la colmó de protección. Desconocía cómo y cuándo reaparecía "el profeta", pero era como si él oyese sus voces de auxilio cuando ella lo necesitaba.

Mientras Melania ponía los dos pies en el peldaño de la tarima, David se le aproximó. Y al hacer contacto visual con él, Melania no logró contener la emoción y se le empaparon los ojos. David la rodeó con sus brazos, puso un billete en sus bragas y le dijo que la esperaría en el bar.

Entonces, una vez que ella concluyó en la tarima y Bill reunió los billetes del piso para dárselos, Melania se puso el vestido y de inmediato fue por David. Sentada a su lado, saboreó un tequila, y una vez fortalecida, se adentró en la jungla sin memorias ni futuro.

Poco después, cuando se acercaba a una mesa donde había dos

clientes, otro irrumpió su andar y le farfulló, "¡Qué pequeño es el mundo! Viajé contigo en el mismo avión desde San Francisco. Vestías un jean color marino y un pullover rojo".

Melania le devolvió perpleja una sonrisa, mientras el fresco pretendía disuadirla con promesas de paisajes, pero se quedó sin habla cuando ella respondía ya haber estado en esos lugares y puso punto final a la persuasión al inducirlo al área privada con la intención de remunerarse por haber dado oídos a esa farsa. Terminadas las baladas, el avaro dijo que no gastaría más y Melania siguió su camino.

Ella hizo cuantiosos bailes de mesa, aunque le dejaban la espalda destrozada. Descansaba entre tequilas, mientras batallaba con ímpetu con su mente traicionera y rogaba a los cielos que ninguno aspirara tocarle los genitales, porque no lo soportaría.

Del modo que mejor pudo, esgrimió al opus aquella noche, la primera después del revés. De tanto en tanto, el retrato de Antonio la acometía, pero también esa remembranza se le escurría.

Vio a un hombre que empujaba una silla de ruedas. Sintió el calor de una energía y al voltear hacia un costado, Zoe estaba junto a ella. Melania, asombrada, le dibujó una sonrisa y la muchacha exclamó, "¿Cómo te va?" Y agregó, "Dios tiene el control", lo que la dejó desconcertada. Zoe le hablaba con la certeza de conocerla. Por tanto, Melania la sondeó en el conocimiento de la deidad ahí dentro y la animó a que juntas allegasen a esos individuos.

Al volver a mirar al joven en la silla de ruedas, sus estrecheces sucumbieron, porque el cosmos hizo que ella abandonara la vanidad de su mente para saber a ciencia cierta que siempre acaecen cosas peores. Se profesó enaltecida en la celebración de estar viva. A continuación, tanto Zoe como ella se menearon durante siete canciones para Aron, que era un ex combatiente de Vietnam. .

Así, entre pasado y presente, la noche prosperó. En un momento en que se retiró al camerino a redelinear el cosmético, oyó su teléfono sonar. Era Antonio que reclamaba atención. Le dijo que a ella sólo le concernían sus tiempos, como si Melania no tuviese más que hacer que pensar en él.

En sus diálogos, Antonio le recriminaba en cualquier oportunidad el opus. Pasaba por alto los sentimientos de ella, que era quien se desnudaba para centenares mientras toleraba iniquidades. ¡Y ahora encima tener que soportar las represiones de él! Resultaba inusitado que ya llevaba seis meses envuelta en las frases y la distancia de ese personaje.

Luego de esa conversación, Melania regresó a la jactancia de su mente. Inhaló y abrió la puerta del cuarto para retornar al salón. A lo lejos divisó a Francisco, ese argentino que merodeaba el club con una copa de vino tinto en la mano mientras conversaba con una que otra chica, sin acordar nada con ninguna.

Francisco simpatizaba con Melania. Se conocían desde hacía un tiempo y aunque él no gastaba un céntimo, juntos reían a carcajadas. Su presencia era un recreo en ese entorno tirano. Cada uno era una pieza esencial en aquel logogrifo, y sin tan sólo uno faltase, hubiese alterado los detalles que componían aquel arcano que se denominaba señor destino.

Cada capítulo del opus sucedía en secuencias, tal como si un omnipotente manejase los movimientos para que se cumplieran los designios. Ella supo que eran las cinco de la madrugada y todavía contaba con baluarte. Trabajaría hasta que se encendieran las luces de neón y la música enmudeciera.

Se aproximó a un solitario sentado en el centro del salón que, al igual que tantos, quiso ahogar las penas de terminar con su novia al ver y tocar a otras mujeres. Melania le hizo algunos bailes, pero de inmediato su atención se dirigió hacia un hombre refinado que llegó mientras ella cobraba al ermitaño.

Este otro dijo llamarse Chafei y ser un médico oriundo de Marruecos que estaba de tránsito por Nueva Gales del Sur. Poseía unos atributos físicos agraciados y al echar un párrafo, su vivacidad resaltó lo precioso de su figura. Chafei respondió a la propuesta de ella al decirle: "Hagamos como quieras. Igual te pagaré por el tiempo que me concedas". Se dirigieron al espacio privado y entre conversación y baladas, Melania bajó el telón de la noche con broche de oro. Por fin las luces y el silencio la sorprendieron vestida, bebiendo café y contenta con una ganancia sustanciosa.

Camino a casa se debatía entre cognición y corazón con respecto a Antonio, quien poco ofrecía y mucha exclusividad exigía. Peor, usaba señuelos, pero a la vez con subterfugios para demorar los encuentros. Al parecer, cada hombre que pasaba por la vida de Melania carecía del coraje de tomarla por completo, o simplemente marcharse de una vez, sin la desatinada manía de trastornarla.

En el momento en que se disponía a entrar al estacionamiento, sus reflexiones se vieron aprehendidas por presencias extrañas en el muelle que colocaban cintas para impedir el paso. Al acercarse pudo ver que eran policías. El que la llevó a casa cuando mataron a "la mujer hermosa" la reconoció y le permitió que entrara.

Melania detuvo su vehículo, bajó de un salto de él y corrió hacia ellos. No podía más con la duda de enterarse de lo sucedido. Habían encontrado el cuerpo de otro errante que flotaba en las aguas de la bahía. Le dijeron que representaba unos sesenta años de edad. El hecho tuvo lugar sólo unos 50 minutos antes de su llegada. El cuerpo yacía en el piso de asfalto adyacente al estacionamiento.

Al ver ella a otro agente que continuaba extrayendo las pertenencias del agua, pudo divisar un sombrero que flotaba y fue ahí cuando lo supo. Estalló en gritos. Sin mirar el rostro del cadáver tenía la certeza de que pertenecía al caballero de aspecto aristocrático que vivía en mudez.

Melania se tiró de rodillas al suelo mientras clamaba, "¿Por qué se ensañan con ellos?" Le rabiaba las condiciones que padecían y peor aún, la manera en la que desaparecían, tal como si no hubieran dejado rastros en el camino de la vida.

Apresada por la impotencia, permaneció un lapso sentada en la valla hasta que arribó el médico forense. Llena de coraje, volvió a pasos lánguidos a su coche. Abrió con ira la puerta que llevaba a las escalinatas. Subió hasta el séptimo piso con desánimo. La imagen del caballero en sigilo y con sombrero la acompañó hasta que cayó en sueños cuando el astro ardoroso reflejaba suaves rayos en las paredes de su cuarto.

Durante una siesta ardiente andaba por las calles de la urbe mientras apelaba a la vida y a no más muertes. Compró chocolates y también velas para retomar aquel ritual del que le recomendó el mexicano Esteban. Pensó que no le había indagado por qué la carroza fúnebre la rondaba tan de cerca. ¿O sólo serían ideas de ella?

Entonces se sentó en una banca de la plaza a degustar los chocolates, decidida a contemplar a cuanto humano pasara, mientras se preguntaba si a alguno de esos la defunción doliente le habría arrebatado a alguien. Percibió a una mujer con atuendos gitanos que hablaba con otras dos.

Al mismo tiempo vio un camión con el logo del cabaret detenido a un costado de la acera y a chicas que repartían folletos. Nunca antes había visto el vehículo por la ciudad. Sólo estacionado en las afueras del club. Por cierto, en varias oportunidades el dueño le ofreció formar parte de la promoción, algo que ella siempre se negó a hacer, puesto que nada más lejos de sentir orgullo del modo en que se ganaba el pan diario. Distinguió a una de las chicas, llamada Bori. Aunque jamás había cruzado una palabra con ella, sabía su nombre. A menudo estaba en compañía de un grupo que eran regulares del cabaret.

Mientras analizaba aquel escenario, se vio sorprendida por la gitana, quien con frescura se sentó contigua a ella y la persuadió a que la dejara leerle la mano. Luego de una insistencia tenaz, la gitana ganó el asentimiento de Melania, a quien le temblaban las piernas y le sudaban las manos. Con amplia convicción, la gitana expresó, "Tendrás una vida larguísima, dos grandes amores, cruzarás mares, has nacido con un talento, pero la muerte te persigue".

Melania, más temerosa que antes, quitó su mano de entre las de la gitana mientras le decía, "Gracias, he de marcharme, no puedo oír más". Y se levantó de la banca aunque la gitana seguía vociferando. Intentó no darle más valor, y se alejó de prisa. Afanada en olvidar esos vaticinios y poner la mente en otra cosa, encendió un cigarrillo y de pie en la parada de autobús, volvió a pensar en la muchacha del club que repartía volantes.

Esa tarde, Melania habló con Antonio, quien prometió venir a verla en una semana, puesto que aunque por entonces estaba en New York, le aseguró que visitaba profuso a su hermano. Ya a ella le hastiaban los diseños de paisajes y esas trivialidades, así que se despidió de él.

Fue hasta una tienda para comprar zapatos, porque la molestia en la cintura le era atroz. De ahí caminó por la costa hacia su morada, un poco pensando en Bori y otro en la gitana. Y para no darle tanto espacio a Antonio en su pensar, deliberó mientras tomaba un baño y concluyó al ir al club antes de las ocho de la noche.

Por primera vez cruzó pasos con Bori en la puerta de entrada. Melania la saludó y le dijo haberla visto en el centro. Bori se sorprendió, porque nunca iba por allí. Conversaron mientras ambas se dirigían al camerino. Posterior a ello, cada una por su lado salió al salón. Como era un hábito, los amigos de Bori ya la esperaban en la punta de la barra. Melania, por su parte, fue por un café, saludó a Zoe y a María, y de inmediato se llegó a uno que apenas cabía en la butaca por su gordura, aparte de tirar humo como chimenea con un habano.

Sin rodeos, Melania ofreció bailarle. Aunque el individuo la incitó a que bebiera whisky con él, ella rechazó sutilmente el licor. Se desnudó para él, que no más quería bailes de mesa. Ella esperaba que su cintura resistiera mejor con zapatos nuevos.

Al terminar con este cliente, Melania se acercó a Zoe, que caminaba desde el área privada hacia el salón mientras se ataba las tiras del vestido en el cuello. La inmutable jamaiquina era evidentemente una escogida por el omnipotente. Su brío era radiante, como el de esos pocos que te hacen bien al alma. Pero puso a pensar a Melania cuando le exclamó, "¡Eres buena, mereces lo mejor!". La muchacha que trabajaba sin cesar, siguió su labor luego de depositar una energía de esperanza en Melania.

Un cliente levantó su mano y llamó a Melania a su mesa. Ella fue con toda elegancia a sentarse justo a su lado cuando una de las mujeres que pasaba le dijo, "No te acerques a mí, que te odio por ser bella". Esto la dejó perpleja, pues no comprendía el porqué de esa pasioncilla.

El cliente escuchó esas palabras abominables y mientras reía, le dijo, "No repares en eso, ven aquí". Le rodeó las caderas con sus brazos y le invitó un licor, que Melania se tragó sin reservas de un sorbo. El caballero lucía como proveniente de un principado por su pulcritud y belleza. De piel dorada, cabello oscuro, ojos grises como el océano después que ha dejado de llover y ataviado enteramente de blanco, dijo ser polaco y le pidió que fuesen a un cuarto privado. En tres horas tenía que marcharse de Nueva Gales del Sur y quería hacerlo con el aroma de su perfume. Tom, efusivo, besó los labios y la espalda de Melania durante una hora. Le pagó por dos y se marchó.

Zoe la aproximó a la salida del cuarto y le dijo, "¡Cuando algo está para ti, nadie puede cambiar la voluntad divina!" Melania le apretó la mano y fue pensativa al cuarto de baño. Poco después, desde la tarima advirtió rarezas en los ademanes de Bori, que se encontraba junto a Larry y Bill.

Melania como muchas veces descendió inadvertida para la audiencia, puesto que ni un solo billete recogió por su show. Después de vestirse, caminó hasta el bar y escuchó a Bori en un llanto de furia.

Melania intervino, pues había algo en esa muchacha que la sugestionaba. Conocía de su historia. Nativa de Puerto Rico, de muy joven se marchó de la isla hacia Australia, donde conoció al padre de su niño. Y si bien Bori era más joven que ella, no poseía la fortaleza para mantenerse al margen de las instigaciones y ultrajes. Ama de una figura armoniosa, meneaba sus nalgas como ninguna otra. Era dueña de un temperamento gozoso y unos ojos que dejaban ver su espíritu leal hasta la muerte.

Una vez que Melania calmó su semblante, Bori la tomó por sorpresa al exclamar, "Tú sí que eres buena". Y de repente llegó Rose, quien difundía su alegría innata que renovaba los ánimos a cualquiera.

Transcurrían los meses. Entre nacimientos, decrepitudes y

muertes, corría la travesía del tiempo. Eugenia dio a luz un niño y la otra mujer que tenía su prometido también lo hizo. La diferencia es que esta última tuvo una niña sana, mientras que Eugenia concibió un niño afectado. Quizás por el ambiente en donde se desarrollaron sus gestaciones o podría ser que ese infortunio ya estaba predestinado, ¡vaya la Deidad a saber! Lo cierto era que el bebé de Eugenia padecía el síndrome de Down.

Ante estos sucesos, Melania meditaba que al igual que del paso de la carroza mortal, ninguno estaba exento de conflictos. Y en ese segundo recordó al joven de la silla de ruedas que sonreía con el alma.

Para descomponer lo rutinario llegó un fragante Antonio. A la salida del trabajo, ella condujo hasta el aeropuerto mientras él la aguardaba ebrio de romanticismo y le regaló el libro "Cien sonetos de amor", de Pablo Neruda. Lo que duró el viaje hasta la morada de Melania fue un suplicio de espera para dos ardientes amantes. Hicieron el amor con devoción. Él se durmió poco después, mientras ella, desnuda a su lado en el lecho, devoraba los poemas del libro.

Pero ya al atardecer, él evadió otra vez un llamado telefónico repetitivo. Objetó cansancio por el vuelo. Poco después dijo que la salida al hipódromo no fue un goce pleno, a pesar de que ganaron con la apuesta al caballo del jinete chileno. Y en el almuerzo ella, algo harta, le preguntó por su reacción ante esas llamadas. De forma ladina, Antonio le respondió también con cuestionamientos. Y nada menos que acerca del opus. Al final de cuentas, ni el uno ni el otro pudieron despejar las incógnitas y regresaron a casa.

Al igual que siempre, él se marcharía en unos días, lo que implicaba que ella dejara de producir y se convirtiera en su sombra. Y como si fuese poco, una vez más timbró el teléfono y él tampoco respondió.

Melania comenzó a recapacitar en el señalamiento de Giovanna en cuanto a las inmolaciones que ella hacía por ese hombre. Pero igualmente lo acompañó a Melbourne a una conferencia, y en sus horas a solas, ella paseaba por las calles y otro poco tomaba el libro de poemas, con la gnosis errónea de saber lo que hacía.

Poco después de regresar a Nueva Gales del Sur, Antonio recibió un llamado y manifestó que tenía que irse antes de lo previsto. Él salió en la aurora hacia el aeropuerto, mientras dejaba en ella esa pesadumbre que le tomaba largas jornadas desentrañar. Intentó conciliar el sueño, pero le fue imposible. Atrapada en futilidades mentales, salió de la cama, cargó los patines al bolso y mientras abrían la pista, leyó durante horas en el parque.

Irónicamente, Melania se convencía de que ante la desidia de Antonio, el mejor desahogo era el opus, donde tantos la deseaban sin tenerla, mientras el insulso que poseía su amor y cuerpo, la descuidaba. Ni bien abrieron la pista, se entregó al viento que la desalojaba de todo sentir y patinó hasta que la extenuación la refrenó.

Llamó a David, pues precisaba de su contención antes de ir a trabajar. Aún hundida en la sensación de ira, manejó hasta casa del profeta. Curiosamente eran los de afuera quienes cosían las fístulas que el desamor desgarraba.

Extrajo el atavío más suntuoso para aquella noche. Fulgurar su ego era la mejor manera de debilitar el coraje. Entró al camerino con aires de que nada le punzaba, no paró de hacer comentarios a los diálogos superfluos de las demás y hasta festejó esas vanidades con carcajeos.

Y cuando salió al salón, vio al espécimen de Eithon aferrado a una copa de vino mientras echaba humo como una chimenea. Era un abogado que aseguraba tener una esposa bellísima, aunque él, con su cuerpo amorfo, parecía un trompo. A menudo hacía una escala en el cabaret para llenar los vacíos y carestías de su "vida perfecta", conque buscaba engañar a todos que tenía.

Cuando Eithon estaba ebrio, gastaba. De lo contrario, sólo pagaba unos escasos bailes de mesa mientras asentaba en Melania todo el peso de sus gordas manos, apretujándola como un pedazo de pan. Lo único redimible de este personaje era su sentido del humor, aunque a veces era sarcástico al señalar a otras personas. Al parecer, ¡el cretino estaba falto de espejos en su mansión!

Melania lo toleró lo imprescindible, juntó el dinero, bebió un café y siguió la cacería. Si bien esas noches coincidían los regulares en penuria, no quedaba opción que tomar lo que había del mejor modo viable.

Se aproximó al "señor escape", un economista tacaño que elegía un rincón apartado y bebía un refresco mientras masticaba el hielo como vaca que pacía yerba. Sólo pedía bailes a las más delgadas y al cabo de unos treinta minutos, se marchaba. Decía que ése era su escape de la realidad de veintitantos años de matrimonio y una profesión frívola. Melania bailó tres baladas para él y se dirigió a saludar a Larry que, iniciaba su turno.

A ella le placía observar el panorama desde aquel punto, cuando ninguna de sus amigas conincidía en la misma jornada. Tomó el billete de cábala de Larry, fumó un cigarrillo junto a él y en ese minuto percibió en el otro extremo a Justin de pie con una cerveza en mano. Anduvo de prisa hacia el encuentro con este señor, que la inundaba de delicadezas. El tipo, de talante jovial, se aproximaba a unos sesenta años. Y aunque ella no sentía ni un atisbo de seducción hacia él, su compañía le resultaba agradable, además de que contribuía a sus ganancias. Justin no se daba por vencido de que algún buen día, ella asintiera a salir con él.

Cada uno que cruzaba Melania, le coreaba lo guapa que se veía esa noche. Estos cortejos elevaban su ánimo consternado, pero ella se repetía que si había tristeza, que no la apreciaran. Y este truco le había servido hasta entonces.

Al deslumbrar en la tarima al compás de los timbales, Melania deseaba acertar con un sapo peripuesto de príncipe que la transportara de la superficie y así suprimir a Antonio. En un giro, su mirada se cruzó con la de aquella jovencita que, sentada en una esquina, la contemplaba siempre.

Se llamaba Eleni, era de una figura perfecta y como si fuera una trapecista, se torneaba por el caño de modo extraordinario, pero con una congoja en sus ojos que arrastraba a cada paso. Melania no elucidaba qué impulso la condujo hasta el opus y, menos aún, por qué se esforzaba en pasar inadvertida al estar dotada de tanta hermosura.

Eleni se pasaba la noche entera sentada, de brazos cruzados, como salvaguardándose de ese mundo. Cuando Melania bajó de la tarima, la jovencita subía, y le dijo. "¡Qué lindo bailas!" Entonces Melania le dio un abrazo y vio en sus ojos que llevaba largo tiempo sin ser acogida. Sin asomo de dudas, el viento convergía bajo un mismo techo a los seres más desvalidos de afecto.

Melania circuló por todo el salón hasta que llegó a la mesa de un personaje que la devoraba con cien ojos, a pesar de tener dos mujeres sentadas a su lado. Aunque cincuentón, vestía como chaval, tenía tatuajes en los brazos y usaba argollas de diamantes en ambas orejas.

Él le ofreció una bebida y al cabo de unos minutos, Melania comenzó a bailarle. Entre charlas, ella recordó haberlo conocido dos años atrás. Máximo era un italiano que vivía en Nueva York. Era un policía retirado que sentía una fuerte atracción por ella. Y tampoco en esta oportunidad cesaba su persistencia, puesto que decía querer mudarse a Australia.

Pero ella mantenía intacta su invención de ser una madre soltera, la que una vez que terminaba su jornada en el opus cada amanecer, debía correr al cuidado de su niño de cuatro años de edad. Era una farsa que muchos de estos dementes no rebatían, como Justin y el mismísimo Máximo.

En su astucia, Melania, no se negaba, pero tampoco accedía. Era la artimaña para mantener la quimera, hasta que ellos dimitían en su obstinación. Máximo echaba párrafo tras párrafo, pero ella observaba en derredor, así que le dijo con sutileza que después lo visitaba.

Es que había llegado Timothy, un antiguo cliente del sitio. Era un norteamericano bien puesto que la deleitaba con sus ternezas y dádivas. Era otro que la respetaba, aunque no perdía las esperanzas con ella. Melania se mantuvo a su lado por un lapso prudente y antes de inquietarse, terminó de un sorbo su tequila y se levantó de la butaca. Ella ya había cumplido con el tiempo que él había pagado.

Estos caballeros jamás la irritaban. Sólo la firmeza con que la pretendían a veces incomodaba a Melania. Pero cada cual debía saber su rol en el juego. Tanta verbosidad precisaba un alto momentáneo. La noche era joven.

Entonces fue al camerino a ver a Cándida, retocar su maquillaje y el acto infaltable de dar una ojeada al teléfono. Antonio había dejado tres mensajes. Entre romances, él le mencionó una confesión pendiente, represiones y que debido a una tormenta, el vuelo hacia San Francisco estaba demorado. Pero desde ese último mensaje habían pasado ocho horas, puesto que ella soslayó el teléfono durante el día entero. Usualmente, él se reportaba al llegar a su destino, pero Melania hizo caso omiso al presagio y otra vez recordó su ira.

Así que volvió a la jungla. En su andar la llamó Bill, quien la introdujo a un cliente. ¡Qué mejor sugestión para lapidar lo que el corazón le imponía! Hicieron conexión, pues el tipo era encantador. De súbito anduvieron hacia el área privada y poco después regresaron hacia el bar. Él mencionó que no resistía más persuasión, así que resolvió pagarle para que lo acompañase el resto de su estadía. No obstante, el estar con el mismo cliente por más de una hora resultaba abrumador. Y esa noche los palabreos fueron excesivos. ¡Pero que más daba!

Ya cuando hasta su propia respiración le hastiaba, Melania se dirigió a su automóvil tomada del brazo de Bill. Llamó a Antonio, pero al parecer tenía el teléfono apagado, pues sólo salía el contestador automático.

Llegó exhausta a su apartamento, bebió té, abrió la lumbrera a la espera de que los manatíes chillaran y en esa calma, echada en la alfombra que cubría el piso, se vio atrapada por el sueño sin ni siquiera haber tomado un baño.

Ya pasado el mediodía, tanto el matiz grisáceo del reino celestial, como esas gotas de lluvia que aporreaban en las piedras, le atrajeron las imágenes de los erráticos. Melania pensaba que dónde se refugiarían ellos de la lluvia y el frío. Ya la carroza mortuoria había librado a la mujer hermosa y al caballero aristocrático de sus padecimientos. Se fueron cruelmente sin dejar rastros. Nadie reclamó sus cuerpos mortales, como si no hubieran nacido.

Melania meditaba que éramos transeúntes reflejándonos con las estelas que trazábamos en los demás. Y ellos fueron imperceptibles para la sociedad. Se preguntaba hacia dónde se habrían ido sus almas, porque desde que Esteban le mencionó que éstas son inmortales, más otro tanto que leyó en la Biblia, dudaba de que todo terminaba con la suspensión del tiovivo.

Así que vistió impermeable y botas, tomó su bolso y salió por la rambla de madera, mientras el aroma exquisito del paisaje la envolvía en una burbuja. La llovizna tiñó la arenilla de un color plateado que la hacía invisible. Y mientras echaba ojos hacia los lados en busca de alguno de los errantes, a lo lejos, cerquita de la costa, distinguió al capitán.

Era un hombre robusto, de rostro bronceado y cabello blanco, que a duras penas podía caminar. Quien seguro extravió junto a su barco lo más importante de su vida. Llegaba a la playa, extraía de la bolsa cuadernos y pergaminos, tomaba una pluma que ungía en tinta y escribía durante horas. Entretanto descansaba poniéndose de costado hasta quedarse dormido.

El capitán poseía un aura fabulosa, porque las gaviotas reposaban a su lado. Luego se acercaban apenas al agua, pero regresaban con él. Éste se mantuvo bajo el aguacero, pero las aves se habían marchado a una guarida.

Melania entró a la cafetería, compró unos panecillos, dos cafés y regresó de prisa a la cercanía del capitán, hasta que anduvo en la arena para darle la cobija que llevaba en su bolso, los panes y el café. Él tomó los víveres y le brindó la sonrisa más tierna que había visto jamás, pero se rehusó a refugiarse del diluvio. Entonces ella se apartó con pena hacia la rambla y se mantuvo algunos minutos observándolo, hasta que decidió emprender el regreso a su morada mientras invocaba que dejara de llover.

Como podía, Melania protegía sus dos identidades. Aceptó ir a esa fiesta de Julie, donde asistirían algunas de las chicas, pero no la unía afinidades con ellas. Es que deseaba hacer algo disímil esa noche. Llegó al pomposo hotel en donde el glamour resplandecía y esa premisa ya le avivó el impulso de irse. Pero se forzó a quedarse. Estipuló que se presentaría después de la cena, pues bien sabía que sería una comida saturada en grasa y de apariencia ridícula. Y cuando Natalia le confesó el costo que hubo pagado, ella se alegró de su decisión.

Ahí estaban Julie con su prometido acaudalado y gordinflón; Diane, vestida de diseñador; Angie, borracha hasta la médula; y Teresa, a la pesca de cuanto tipo hubiese. Todas entraron a la disco, ubicadas en el área preferencial, mientras ostentaban con botellas de champaña y vodka. Por su lado, Melania se mantenía apegada a Natalia y mientras figuraba contento, inquiría qué rayos hacía ella ahí. La ensordecía esa música grotesca y esos personajes la rozaban impregnados en un sudor que le asqueaba. Pero dejó pasar las horas hasta que por fin trajeron la cuenta y lamentó haber malgastado su tiempo y su dinero.

De camino a casa cavilaba cuándo y dónde se toparía con sus mitades, ésas que fueron creadas al mismo soplo que ella y con las que estaba predestinada a encontrarse. Por otro lado, Antonio dio señales de vida en tono de reclamos, lo que empeoró su enojo.

Una mañana más, una noche menos. Con esa consternación cerró los ojos. Y al abrirlos se asomó a la ventana, dio oídos al viento y en ese acto resolvió leer durante las horas de luz que quedaban. Circulaba del lecho a la mecedora, en la cual llevó a cabo el ritual con su abuela, envuelta en la manta. La extrañaba como a nadie.

Si bien sólo acertaba riquezas espirituales en aquel aislamiento, procuraba abrirse al mundo para que éste le donara sus bondades.

De pronto asomaron las primeras estrellas, por lo que decidió marcharse a su opus.

Pisó el cabaret, mientras que Zoe la recibía con agrado. De repente se presentó aquel hombre de caminar inclinado y cabello engominado. Se ubicaba en el bar mientras degustaba una copa de vino blanco. El sí que alababa al omnipotente. A sus 80 años, la muerte no lo aterraba, aunque ya había sepultado a un hijo y a su esposa. Kurt invitaba a alguna de las chicas a beber con él, les ponía un billete en las bragas y luego de su segunda copa, se retiraba. En su breve compañía te exponía la simpleza del vivir y con su hablar calmoso, entregaba armonía.

Luego que Kurt se fue, Melania se aproximó a Zoe. Existía un enlace que las unía, además de parecidos portentosos y relaciones como si se conocieran de tiempos pasados. Poco a poco fueron alcanzando confidencia. Melania averiguó por qué Zoe comprimía firmemente la bolsita de mano y le preguntó si cargaba un amuleto. Ella le mostró un rosario carmesí como los que Melania había visto en las damas italianas de su niñez.

Y otra vez repasó el renacimiento que experimentó luego de su revés. Melania se desunió del contexto como si un ángel la elevara del suelo que pisaba. Las iconografías eran claras mientras oía la voz que le musitaba. Trascendía algo milagroso en que ella se desprendía íntegra, incluso mientras estaba en medio de ese salvajismo. Presumía que esa desunión era la que la sujetaba para resistir el opus, junto a la aparición imprevista de Zoe.

Al reconectarse con la realidad, estaba a su lado un hombre que le sonrió y le pidió con delicadeza que le bailara. Mencionó haberla observado en ocasiones anteriores y que contaba con un tiempo escaso. Él quiso ir al cuarto privado. Entonces ella hizo una seña a Bill, que siempre la escoltaba. Y el caballero pagó sin rodeos, tanto al club, como a ella.

Ni bien cerraron el cortinaje, el individuo se aflojó la corbata que relucía en una camisa color azul, ordenó una botella de champaña y extrajo narcóticos de un bolsillo, esparciéndolos en la mesa con la habilidad del que tiene maestría en su oficio. Melania sintió un escalofrió que le recorrió la espina dorsal y con disimulo le echó un sorbo a su bebida. Pero él exclamó sin agitarse, "Sólo quiero tu compañía mientras me doy mi tragantona. Quédate a mi lado. Nada tienes que hacer, ni bailar, ni menos consumir".

A pesar de que nada ameno le parecía acompañar a alguien en su consumo de estupefacientes, el tipo presumía estar sosegado, por lo que ella se quitó los tacones, se echó a lo largo del sofá como si fuera una cama y reposó la cabeza en el regazo del cliente, que comenzaba a sudar la gota gorda por el tóxico. Mientras tanto, ella entrelazaba hipótesis con su percepción de cuán miserable debía de sentirse Paul para ahogarse en ese veneno. Pero hizo caso omiso a su compasión y con sus manos libró una pizca de esa sensibilidad. Poco después, él la retribuía acariciándole el cuerpo entero.

Entre tanto Paul bebía y consumía otra dosis de narcóticos, hasta que interrumpió sus movimientos y exclamó que debía marcharse. Melania sospechaba que ella no había cumplido el tiempo pagado, pero mejor sería de ese modo. Él se puso de pie, se arregló el aspecto, la besó en los labios con suavidad y previo a que ella se calzara los tacones, él le entregó en su mano una suma idéntica a la que había pagado antes. Ella, perpleja, le correspondió con un abrazo. Paul, abrió la cortina, y le dijo, "Te veré otra vez. Cuídate y gracias". Y antes que ella pusiese un pie fuera, ahí estaba el clemente de Bill asegurándose que estuviese a salvo.

Luego de que ambos se mostraran gozosos con la esplendidez de Paul, Melania se dirigió al cuarto de baño y cuando advirtió la juventud de la noche, colocó unos cuantos billetes en la canasta de Joane. Cierto era que Paul ya había cumplido sus expectativas. Pero cada vez que ella cruzaba pasos con almas dadivosas como la de él, les deseaba que ganaran aún más, para que de ese modo el tiovivo diera su molinete y cubriera con delicadeza muchas carestías.

Anduvo hasta el camerino. En un parpadeo se pintó los labios y revisó el teléfono. El retraso de Rose la inquietó. Por otro lado, la soflama de Antonio la apaciguó. Entonces, al abrir la puerta que conectaba a la jungla, tropezó con Rose, quien era todo un contento, mientras Bill cargaba un exagerado ramo de rosas carmesí en medio de la risa de ellos dos.

Rose y Melania abrieron ilusionadas el sobre donde venía la tarjeta, Pero el ensueño se esfumó al saber que las había enviado Noel, un afroamericano con físico privilegiado y talante optimista, quien cada tanto se allegaba al cabaret para ver a sus amigos y sin gastar un céntimo, contemplaba alucinado las destrezas de Melania desde la esquina menos luminosa del local. Luego le declaraba incesantemente su afecto, le decía que él era su eterno enamorado y trataba de persuadirla a que le concediera una oportunidad.

Después que leyó la tarjeta, Melania se preguntó hacia dónde van la energía y el brío que los hombres ponen en sus verbosidades, en sus mil promesas incumplidas, en las palabras que mencionan mientras te miran a los ojos y hasta te hacen el amor. Escudriñó con sinsabor la hipocresía que hacen en sus añagazas, siempre para obtener su propio beneficio. Y cuando el interés se les cercena, te despojan como harapo viejo, desconociéndote tal como si nunca te hubieran tenido entre sus brazos. Ahí estaba realmente la prueba de veracidad de un hombre: "¡el antes y después de haberte llevado a la cama!"

Melania había utilizado todas sus estrategias para apartar a Noel, pero el necio persistía. A poco de tomar el ramo, salió al salón con la mirada en alto y lo vio en actitud expectante, como si ese detalle cambiase la condición de ella. Entró al camerino, pidiéndole a Cándida que mantuviese las flores en agua hasta el cierre. Y luego anduvo hacia Noel para agradecerle el detalle, pero le aclaró, "Bellas las rosas, gracias. Pero nada esperes de mí". Y como anillo al dedo, en ese momento la convocaron a la tarima, con lo que puso punto final al episodio.

Cuando las reflexiones la asediaban, Melania se fundía con la música y en medio de sus magníficas pericias, reposaba durante lapsos en los trapecios que enganchaban del techo, hasta que recobraba el costado práctico cuando tocaba el suelo para recoger sus propinas. Y en ese momento la aproximó un caballero que tenía puesto un tricornio, llenó sus bragas de billetes y le murmuró, "¡Eres fastuosa! ¡No he visto a alguien que baile como tú!" Y se marchó.

Estos rendibúes eran como un baño en agua de rosas, porque mucho de lo que hacemos es por y para los demás. Nacemos y vivimos con el propósito de ser amados y morimos con la ilusión de ser perpetuados.

Caminó hacia el camerino y se desnudó para secarse el sudor y renovarse, cuando supo que Antonio había llegado a Nueva Gales del Sur. El corazón no le cabía en el pecho de tanta dicha. Así que resolvió marcharse, aunque el cabaret rebosaba en clientela. Para ella, esa noche merecía íntegra luchar por aquel delirio al que exclamaban " amor".

Mientras entonaba la canción "Diva Mea", de Alessandro Safina, que dice, "Sólo tú puedes oír mi alma", Melania subió a su vehículo y en estado dichoso, condujo hasta su morada. Allí, de pie en el muelle, la esperaba Antonio. Ella salió del auto y en un brinco saltó a sus brazos, acariciándole el cabello.

Pero de repente una voz femenina dijo, "Antonio Funes, ¡estás bajo arresto por tráfico de drogas!" De inmediato tres autos patrulleros los cercaron y se produjo un despliegue de policías. Un agente apresó al mendaz y otro apartó a Melania de él. Todo sucedía vertiginosamente. Antonio no cesaba en excusarse, mientras Melania, iracunda, soltó sollozos de ira. Momentos después, ella reconoció a la mujer que esposó al erudito en fullerías y comenzó a atar cabos. Recordó haberla visto en el aeropuerto cuando viajaron a Sídney, en el hipódromo y hasta una vez en el club en compañía de un sujeto, e incluso se allegaron a la tarima mientras ella interpretaba su acto. ¡De maduro caía que era una agente encubierta!

No había dudas de que les habían seguido los pasos. Y pensó que tal vez conoció a Antonio porque él era uno de los que abastecía de drogas en el cabaret y quizás su propósito fue utilizarla como una excusa para aparecerse por allí. ¡Y ella hasta bajó la guarda al enamorarse de él!

Introdujeron a Antonio en un auto patrulla, mientras que a ella, dos de los policías la acompañaron hasta su apartamento, pues mantenía un vínculo íntimo con el desgraciado y debían proceder a una investigación que despejara cualquier conexión de ella con el tráfico de drogas.

Mientras subían por el elevador, Melania recordó afligida que todas las veces que debió rendir cuentas a las autoridades, fue por terceros. Y que cada vez que mantuvo una relación, el amante en cuestión despedazó un poco de su vida. ¡Pero en esta oportunidad los estragos superaban los de las ocasiones anteriores!

Los policías revisaron su casa para despejar cualquier duda, pues aunque ella fuese recelosa de los narcóticos, durmió con un mercader por casi dos años. Al pasar unas horas de poner la casa boca arriba, lo que creó una enorme tensión en ella, empezaron a ponerse los rayos del sol y las golondrinas chillaron en derredor de los lugareños en el muelle. Entonces los investigadores la condujeron a un auto patrulla y la llevaron a la estación de policía para tomarle una declaración bajo juramento y someterla a una rinoscopia.

Aunque aseguraban que serían procesos burocráticos y pronto regresaría a casa, mientras subía al automóvil Melania impregnó cada célula de su ser con un aborrecimiento feroz a Antonio, a quien despreció con una fuerza mayor a la con que lo amó.

Tampoco su teléfono paraba de sonar. Su madre la llamaba. Y ella tanto añoraba oír la voz de Ariadna, como correr a los brazos de su abuela. Pero hasta de esto se le privó. Ni bien llegada a la estación, la ubicaron en una sala helada y la dejaron a solas. Allí, luego de acercar las rodillas al pecho y posar la cabeza en ellas, lloró desde sus entrañas mientras le suplicaba al aura de su padre que la remozara.

Entonces se abrió una puerta y tres individuos entraron a la sala. Persistieron con las mismas interrogaciones con el afán de persuadirla a confesar algo irreal, pero ella se mantuvo en calma renovando solo la verdad. Posterior a esto, una mujer la condujo hacia la enfermería para practicarle una rinoscopia, lo que tardó horas.

Melania esperó aletargada hasta el atardecer. Y cuando apenas un atisbo de luz entraba por la única ventanita, sintió una mano en su espalda. Era uno de los agentes que la reanimó al decirle, "Todo está correcto contigo. Te llevaremos a tu casa". Y le añadió, "Ah, el detenido quiere verte". Pero ella se negó rotundamente y siguió los pasos del agente para salir de la estación.

Mientras el investigador conducía, le relató a Melania que Antonio quedó arrestado por cargos múltiples y sin derecho a fianza. Todo presumía que él llevaba años en el mercado de las drogas y era un nexo entre tres continentes. Pero a ella no le provocó tranquilidad alguna esa veracidad. Sentía que le habían cercenado hasta el último latido del corazón.

Repasó su vida y eso que llaman "amor". Fue sensata con ella misma y aceptó que cada vez que amó, si bien profesó dicha, al unísono hubo una honda tristeza. A decir verdad, jamás conoció la plenitud en una relación. Esa certeza magnífica de que hasta que se detuviera el carrusel, ese hombre sería incondicional contigo. Amó a cada uno de los varones con los que estuvo, pero cada uno de ellos le llevó algo, sobre todo el tiempo, que jamás retorna.

Entró a su morada con la impresión de ser una forastera en su propia casa. Pero debía dar vuelta a esa página y suprimirla en lo posible. Se quitó la ropa, se sentó al umbral del balcón, contempló el agua azulina e inhaló profundamente. Caminó hacia el cuarto de baño, abrió el grifo para que el agua comenzara a correr, para poco después entrar entre ella y purificar todo vestigio de lo sucedido.

Cuando iniciaba a remendar el infortunio, hizo confesiones a su madre. Fue hora de pagar el arriendo, y ahí recapacitó que hubieron sucedido otros veinte días, que ni recordaba el modo en que los subsistió. Se despojó de mobiliarios y otros avíos que impulsaran los lémures. Hasta que sobrevino una noche en que venció cada uno de sus perversos reveses y retomó su opus.

Trasquiló el contacto con sus ojos. Renegaba mirar dentro de ellos, pues ahí tropezaría con los subrepticios que sangraban cuando se detenía a observarlos. Pero muy a menudo el fantasma del mercader la visitaba. Era como si lo viese sentado al pie de la tarima, embelesado con las destrezas de su musa. Ahí mismo Melania instaba a los querubes, que mil veces esparcieron centelleos sagrados sobre su aura para que se alejara aquel espíritu vicioso.

Y la bonanza la rebosó. Generaba sin respiro, tanto que Larry la llamó la "Máquina de hacer bailes". Echó a ver que lo único que se conquista en la vida es un patrimonio. Además, a ella no le quedaba otra cosa por entonces. No se entregaba a nada ni a nadie, sólo al poder del momento. Hasta más preciosa se veía. Es que había reflexionado que con el cuerpo no sólo se satisfacen fruiciones, sino que también se obtienen diversos beneficios.

Obstruía sus canales de placer, pues el carrusel seguía de excursión. Mientras tanto, era dueña de su cuerpo, por lo que podía hacer con él lo que le placiera. Pero se comportó disciplinada como una abadesa. A veces deliraba con el deseo de que esa alma perteneciera a otra piel. Ardía por que la amaran, pero se privaba de tal gracia.

Al echar el ojo en derredor, vio al pie del bar a Stefano, un regular de talante reservado y aires de esplendor que fumaba y bebía como si fueran los últimos momentos de su vida. Se saludaron y al pedir ella un licor, él le hizo un comentario.

Y de repente entablaron un diálogo como nunca antes. Él, sin muchos rodeos, le expresó, "Quiero estar a solas contigo. ¡Me magnetizas!" Melania se sorprendió, pero al conocer a ciencia cierta los intereses de este caballero, le replicó somera, "No tendré sexo contigo". Él contestó, "Por ahora no quiero eso. Sólo sentirte, acariciarte". Después de un breve silencio, Stefano agregó, "¿Estás lista? Sólo cuento con cuarenta minutos". Ella asintió con la certeza de que no haría nada de lo que tuviera que arrepentirse.

Marcharon al cuarto y el caballero la besó entera, mientras ella cerraba los ojos y pensaba que era Antonio quien la recorría con sus labios apacibles. Y así, entre las caricias de Stefano y su gozo, Melania alcanzó el éxtasis. ¡Era inaudito pero cierto que un anónimo para ella saciara la avidez acumulada por la ausencia de su ex amante y hasta le pagara por ello!

Ya en su casa se acostó a dormir, pero se sentía pecaminosa sin saber el motivo, aunque con la convicción de que su sexualidad no se detendría ahí. Trató de convencerse que era otra página para dar vuelta. Que era una carilla que tenía que epitomizar.

Quizás lo más curioso era cómo los hombres, con atrocidad y sin inmutarse, intervenían en su vida. Cada desventura le revelaba como ellos escarnecían la ternura. El cabaret era el ejemplo más ferviente de la carestía de valores, de que ella no era más que un retazo de carne para ellos. Porque el amor no es lo que se dice de dientes para afuera, sino lo que se hace. Y en medio de estas elucubraciones, cayó dormida.

Sin avisos transcurría el señor tiempo, ése que algunos aseguran que posee el poder curativo para todos los males que nos conspiran. Pero ella nada más veía gente que entraba y salía de su paisaje, las arboladas que engalanaban los parques y albergaban a los erráticos, las aguas pulcras en matices de ensoñación que envolvían su morada. Entre el todo y la nada, habían transcurrido once años.

Melania conservaba, no obstante, la esencia de lo vivido. Adoptó su lado áspero y no temía carecer de alguien que la acompañaría en su ancianidad. Consideró que del prójimo, lo mejor que le resultaba era huir para poder vivir, aunque fuera con un silencio que aniquilaba su corazón. Incluso así, ella mostraba su humanidad en aquel refectorio estatal en los suburbios de la ciudad, donde cada mediodía una docena de voluntarios se dedicaba a preparar y a servir comida a los errantes.

Y aunque algunas veces acudía al refectorio con la resaca noctívaga, la entereza de su ser no faltaba, pues era la única actividad que nutría su alma. ¡Vaya que si había cariño que albergar en esos ojos y esas sonrisas en las que veía el palpitar de toda una vida! Concluía la tarea emocionada y se sentía amada. Eso le bastaba. Como pocas veces a lo largo de su existir, por esa época Melania era una mortal feliz.

Y por las noches se abrazaba al recuerdo de cada mediodía y ya sin tantos prejuicios, se subía a sus tacones. Mientras hubiera ilusiones y el cuerpo aguantara, poco le importaba el paso de los años. Agraciada con una figura de veinteañera, conquistó sus penurias y echó bajo tierra al pasado sin atisbos de ecos.

Confiada en que ya había superado las peores malquerencias y remendado otro poco las pérdidas, se entregaba a la magia de cada nuevo día. Pero a decir verdad, Melania, albergaba una pesadumbre que le estrujaba el alma. Es que el carrusel de su abuela llegaba a su último molinete. Si bien había sido un año de dolores permanentes para esa dama gloriosa, por su apego a la vida se resistía a partir.

Y como ya Melania había aprendido a rezar, lo hacía con frenesí. Con esa fascinación que sólo te dan unos pocos lazos, ella suspiraba por detener el calendario, por impedir lo ineludible.

Melania amordazaba sus alaridos y renegaba del olor de la muerte, aunque sabía que la carroza vendría muy pronto en busca de ese cuerpo que acobijó al espíritu más magnánimo que la había amado.

Por aquellos tiempos Melania precisaba de la clemencia universal, de unos brazos que la contuviesen, de una presencia, de alguien que mitigara al menos un poco el desgarro de la finitud de la vida. Parecía que los ángeles repicaban sus clarines en las noches de domingo, puesto que en ellos se esparcía una titilación sobre ella.

Melania se mantenía al fondo del salón mientras aparentaba mirar un partido de fútbol en un televisor. Pero en realidad meditaba retraída sobre si no hubiera un plan mejor que estar en esa espera que desespera, mientras algún cliente llegaba para ella.

A lo lejos divisó a unos caballeros que entraban y a Zoe que los aproximaba sin tardanzas. Ni lerda, ni perezosa, Melania pegó un brinco de la silla y caminó con elegancia hasta la barra principal, hasta que los alcanzó. En este momento uno de ellos sentado de espaldas volteó de inmediato sin que Melania hubiera emitido verbo alguno. Fue como si hubiera sentido su hálito.

El caballero dibujó una sonrisa esplendente unida a un destello pulcro en sus ojos claros. Esto llevó a Melania a sonreírse con sonrojos mientras se sentaba junto al indiviso, quien sin vacilaciones exclamó, "Soy Sarón. ¡Me hipnotizan tus piernas! ¿Quieres beber algo?" Ella, aunque hechizada por esos ojos serenos, tuvo la impresión de que él llevaba un velo subrepticio que encubría su actitud precisa.

A poco iniciaron una conversación y de repente Melania le preguntó, "¿A qué te dedicas?" Él, con esa habilidad evasiva de los hombres, replicó, "No quiero hablar de mi trabajo", y le pidió que bailase para él en el área privada.

Mientras Melania se meneaba para Sarón, ella sentía una especie de seducción hacia su piel nívea y su risa ocurrente. Y aunque durante la docena de baladas él no la restregó, al momento de pagarle la besó en los labios y ella lo saboreó. La llamaron a la tarima, así que le dijo, "Te veo luego".

Allá subió ella. Se contorneó en los aros y otro poco en el tubo, justo cuando un grupo se adentraba al casi vacío cabaret. Pero Melania siguió su baile tal como si un sortilegio desplegara sus promesas en cada movimiento que hacía. El público comenzó a arrojar billetes al escenario. Y al terminar su espectáculo, una pareja la instó a que le bailase en el piso, mientras la mujer, fascinada con ella, ponía billetes en sus bragas.

Por otro lado, Sarón seguía sentado al bar, así que una vez que terminó con la pareja, Melania regresó hacia él y le dio otros bailes. Ella experimentaba la sensación de que la energía de este caballero la cautivaba, así que tomó sin resistencias su número telefónico.

Aquel individuo era una quimera por revelar. Pero aunque ella lo había distinguido en el club, decidió no apurarse. En otro momento lo llamaría para dilucidar si ambos estaban en la misma página del tratado de vida.

Habían pasado once meses desde la desilusión con Antonio, en los que su dedicación a los erráticos le remendaba las mellas. Y en ese estado glorioso, pocas veces añoraba un amor. Pero esa mañana mientras surfeaba, le hablaba a las olas mientras divagaba con el delirio que cura y daña a la vez. Y lo misterioso era que lo bueno que le acontecía en el cabaret, siempre estaba enlazado con Zoe.

Por ese período, Melania trabajaba sin piedades como al principio de su opus, pero con la diferencia de que en esos añares transcurridos comulgaba con aquella voz mientras convivía con una certeza portentosa, puesto que iba develando el misterio de las ínfulas de los céfiros. Ya no dilataba la soga del opus por un si acaso, sino por autenticidad. Se desnudaba consciente de un sueño, ése que sólo el opus falaz le prometía consumar, que la hacía palpitar en un continente lejano con ángeles y demontres, con elipsis y voces.

El recuerdo vívido de aquellos ojos de la foto de su padre que contemplaba cada día, junto al voto a los erráticos, representaban una ceremonia a la existencia. Había logrado volver a sentirse íntegra y por ende, vacilaba en que alguien acariciara su corazón. No obstante, el ensayo de lo que denominan amor la rondaba a cada tanto, quizás para atestiguar que no es una condena, sino una dádiva.

En un mediodía ardoroso llegaron unos cinco errantes más al refectorio, entre ellos una jovencita de origen africano, escuálida y con un niño en sus brazos que estaba tan desnutrido como la madre. A Melania le brotó ese instinto innato de maternidad que cada mujer tiene a flor de piel, por lo que luego de servirle el plato de alimento a la joven, le pidió sostener al niño. La muchacha asintió, mientras que tragaba la comida con las pocas fuerzas que tenía. Melania, enternecida por el pequeño y con años sin acariciar a un infante, lo acobijó en sus brazos y le lavó el rostro. El niño le sonrió. Al parecer la sensación del agua le era celestial.

Cada nuevo día, el refectorio exponía la crudeza de la vida, como la de esa madre africana que quizás dormía algunas noches en un refugio, pero de seguro otras tantas en las calles. La escena del niño destacó todas las vibraciones de Melania. Él sonreía en su inocencia y para ella, eso era la gloria.

Con esa sensación sublime, Melania terminó la labor de limpieza del refectorio y regresó a casa. Las mundologías aún la retraían algo de la tenue llama que se dilataba en su amada abuela. Al saber que la soledad le sería nociva esa noche, dejó de llevar a cabo el ritual en la mecedora y llenó la bañadera. Lavó su alma con lágrimas y apresó su sentir.

Poco después llamó a Rose para que la recogiese. Contaba con unos veinte minutos para terminar de lapidar la compasión y renacer el pragmatismo, porque con escases no se sacian las apetencias y con congojas no se retrasa la muerte.

El horizonte era promisorio. Los timbales repiqueteaban y unos cuantos parroquianos ocupaban mesas, mientras otros estaban al pie de la tarima. A veces el murmullo del salón solazaba al enemigo que consumía a Melania por dentro y enmudecía el silencio que la enloquecía.

Melania entró al camerino con Rose, mientras excluía reparar en Cándida, pues le recordaba el perfil de su abuela. Resaltó sus pestañas a la ligera, coloreó sus labios, se atavió con un vestido refulgente y en el instante en que se subió a los tacones, le dio un abrazo alífero a la "house mom".

Mientras ponía a un lado cada emoción que la recorría, abrió la puertecita con esperanzas. De repente sintió una energía que le corrió por la espalda. Al voltear, ahí estaba Zoe, quien festejaba su presencia como la de un ser particular, mientras contaba con léxicos oportunos para todo.

Ambas se aproximaron a unos parroquianos, pero sin éxito. De ahí Melania saltó hacia una mesa donde estaba Cori, otro regular tacaño, pero un baile resultaba mejor que ninguno. Mientras tanto vio a Rose que, moviéndose al compás de los tambores, iba hacia un cuarto privado con uno de sus clientes mañosos.

Entonces Melania siguió la sucesión de intentos. Habló con otro que, sentado al extremo del bar, y con expresión insípida, exclamó, "No quiero que me molesten. Estoy analizando mi vida". Ella, cansada de los pánfilos, le respondió, "¿Y qué haces aquí si quieres estar solo?" Y se apartó con firmeza.

Cada segundo a solas la socavaba la incertidumbre. También recordaba a la mujer errante con su pequeño en el comedor. Y le estrujaba el corazón de que al hablar con ella, ésta le informó que daría a su hijo en adopción. Larry la rescató de su odisea mental y Melania bebió un tequila en el bar. Cuando subió a la tarima, recogió al menos unos billetes que la animaron un poco.

Luego del espectáculo, hizo unos cuantos bailes para diversos individuos, pero más que eso, nada significativo sucedía. La noche le resultaba eterna, pero la guerrera dentro de ella no se iba a rendir hasta que la música dejara de sonar.

Mientras salía del cuarto de baño vio a un parroquiano sentado en el bar preferencial y se encaminó hacia él. Era un caballero inglés joven y de rasgos delicados que para fortuna de ella, era audaz. Le pidió que bailara para él y al cabo de una balada, optó por la privacidad de un cuarto.

Melania alquiló su cuerpo por treinta minutos, en los que no se vio inquietada por frases obscenas. Esto le resultó un aliciente, puesto que luego sería más fugaz el olvido. Se despidió del británico, recogió sus bártulos y se adelantó al estacionamiento donde aguardó por Rose. Encendió un cigarrillo y se entregó al viento, que la trasportaba y se llevaba cada brizna de lo erróneo.

Luego de una siesta al regresar del comedor de los errantes, pensó en Sarón como el único que entretenía su mente, por lo que se decidió a escribirle. Aunque debatía mucho para dejarse conocer por algún caballero, a estas alturas se convencía de estar salva solo con ella misma.

Una vez que Melania rompió el hielo, Sarón le respondió, y al cabo de una semana tuvieron su primera cita. A ella no le resonaba la fisionomía de Sarón, pero se complació al verlo porque sentía cierta atracción por él, algo para no despreciar. Cenaron en un restaurante tailandés y la afección les emergió al unísono. Él la contemplaba con embeleso, acariciándola mientras ella le hablaba.

Sarón se encantó de súbito con Melania. Y ese hechizo era una dulzura a la que ella, en su avidez, era incapaz de impugnar y se dejó llevar. Así que desanudó los ataderos de la espontaneidad y se echó a volar, acurrucándose en los brazos de aquel hombre.

¡Sólo el destino conocía el capítulo que se iba a llenar!

Ambos eran adultos, con cuantiosas anécdotas en el equipaje y hasta entonces habían andado cada uno por su parte. Pero ahora se sentaban en la misma página del trayecto de sus vidas. Y como en un contrato, diseñaron un tratado. Se explorarían en cada aspecto antes de consumar el sexo. Con ello, Melania y Sarón buscaban ennoblecer lo que les restaba del carrusel.

Él era todo un desborde de cortejos y de modo alguno contenía la embriaguez por ella. Ella, fascinada, estimaba haber rodado muchos torbellinos para por fin yacer en un estado entrañable. Su regocijo la llevaba a desear devorar la vida, porque el mero hecho de saber que Sarón existía, la hacía aún más venturosa.

Al abrir sus ojos una mañana, Melania rememoró una conversación con su abuela en la que ésta le murmuró, "Quiero saberte amada antes de cerrar mis ojos". Se le atravesó un nudo en la garganta hasta que sonó el teléfono. Era Sarón, quien nutría sus ilusiones y alumbraba en algo sus penumbras.

En cada actuación en la tarima Melania desteñía su máscara con esa elipsis que le brotaba del alma. Pero lograba esconderlo todo como mejor podía. Permaneció al lado de unos clientes, quienes con su verbosidad la abstrajeron de lo fatal. Al menos la indulgencia le socorría. Sin importar cuán vacío estuviese el club, ella y Zoe lograban sus usuras al trabajaban sin pausas con lo que se ofreciera.

Como en esa noche en que parada en un peldaño, advirtió una figura de piel morena que desde el centro de la barra de Larry la veía deslumbrado. El caballero, sin quitarle la mirada de encima, se trasladó de prisa hacia el extremo de la barra, donde confluía la escalerilla. Melania, absorta por el magnetismo de esos ojos negros, lo aproximó.

Se llamaba Kahín y era nativo de la India. Le dijo que nunca había estado ahí, pero lo hacía por sugerencia de su jefe, quien previo a una adquisición asistía al cabaret como cábala. Pero como en esta ocasión él no podía, le pidió a Kahín que lo hiciera.

Él le invitó con gentileza un cóctel y se enfrascaron en un diálogo exquisito. Poco después, Melania le explicó la táctica de la oferta y la demanda en ese local. Kahín le consultó de forma grata el modo en que ella ganaría más y le añadió que sólo contaba con treinta minutos. Ella le explicó y se marcharon al cuarto privado.

Ni bien se introdujeron de empuesta al cortinaje, ella requirió sus honorarios y él le dobló la suma. Melania lo tomó como una señal de buena fortuna. ¡Y vaya que no se ha de enjuiciar por las apariencias! Si bien Kahín resultó correcto afuera, en esa intimidad se mostró fogoso. Se tendió en ese sofá reteniendo su bravía erótica. De súbito quiso quitarle las bragas a ella, pero ante su negativa, se amansó. Poco después quiso introducir su dedo índice en el conducto excretor, pero Melania se rehusó con frenesí al evento.

Él se conformó con acariciarle la esbelta espalda, mientras repetía cuanta perfección hallaba en su cuerpo. Entre tanto, empezó a besarla en los labios. En este momento el teléfono celular de Kahín le recordó que debía irse a esa reunión laboral.

Ambos se pusieron de pie mientras dichosamente, la fantasía terminaba. Melania abrió las cortinas, lo despidió y se dirigió al cuarto de baño, como lo hacía siempre luego de esas experiencias, para allí dentro enjuagarse todas las porciones anatómicas posibles. El único acicate para atenuar las sombras era el próximo servicio en el comedor, y el encuentro con Sarón. Ella deseaba proseguir en el arte de descubrirse suavemente el uno al otro.

La práctica de rezar le resultaba una conducta en medio de sus rituales, pero hubo una noche en que por primera vez se postró de rodillas ante ese que llaman "Dios" y le pidió que si esa dama gloriosa que era su abuela había contraído deudas con él, ya las había saldado con creces, por lo que le reclamó su altruismo y pusiera fin a su sufrimiento.

Dejó los candelabros encendidos mientras se quedaba dormida en la mecedora del balcón, envuelta con la mantilla que algún día su abuela nativa de Turquía le tejió. Horas después, en un martes 16 de diciembre a las seis y cuarto de la mañana, la intuición la despertó. Al rato sonó el teléfono. Era Ignacio con la crónica más espeluznante. El tiovivo de su abuela se había detenido. Ése al que llamaban "Dios" había atendido a sus súplicas.

El alfa y omega, el bien y el mal, el cielo y el mismo fuego eterno, todo lo profesó Melania con la defunción de la mujer que más la amó. Salió del cuarto y detrás de la cristalera inmovilizada, a duras penas empujó el rosetón y alzó la vista al reino celestial, que también suspiraba el detrimento más aciago.

Y cuando ya no alcanzó a atajar su alma, corrió desenfrenada por las escaleras hacia el muelle. Y justo en el extremo peñascoso, se tendió en el suelo de cemento, alzó su corazón al infinito y lo soltó todo. Pidió a las aguas que la impulsaran hasta el instante en que volverían a encontrarse. Y gritó su nombre sin resignación, para más tarde quedarse en un mutismo absoluto, justo cuando el ocaso le manifestaba su principio.

Fue el crepúsculo más extravagante que jamás vislumbrara. Entre suspiros coreó aquel poema tibetano, "Oh profundo y verdadero amor, ven ahora, ven ya". A pasos entumecidos subió a su morada, especuló que por aquella hora Sarón estaría de camino a su trabajo, y sin certeza lo llamó.

Sarón era lo más semejante a la contención que ella necesitaba por entonces. Pero no obstante su indulgencia, él tampoco le recosió las cisuras. Entonces tragó unos cuantos sedantes y se echó al lecho. Más tarde, el sonido del timbre de la puerta la conectó con la realidad. Allí estaba él, que sostenía las flores predilectas de Melania. La entrelazó en su pecho y le dijo sentir su pérdida.

Caminaron hacia el balcón, mientras Melania se frotaba los párpados húmedos. Bebieron té y se contemplaron el uno al otro. Mientras él hablaba, ella se extravió en los anhelos de su abuela de verla algún día amada. Se preguntó si ella le habría enviado a Sarón antes de sellar sus ojos por siempre. Si era para que la dejara estar siempre en sus brazos o sólo para consolarla en aquel quebranto. A la misma Melania le quedaba despejar esta incógnita, pero para ello debía entregárselo al señor tiempo.

Entre añoranzas, despedidas, el espejismo del amor y la labor del comedor acaecieron los ocho días siguientes. Era vísperas de Navidad y Melania prefirió resarcir su pesar nada menos que en las cerrazones del club. Sólo unos escasos hipocondríacos estaban en el bar, mientras Melania se deslizaba de un extremo al otro, puesto que no existía un sitio en el mundo que le cupiese a su desasosiego.

Y mientras tanto el altruismo fluía, como si la Navidad innovase milagros, apartara el mal que se hizo durante el año entero y la tirria se reconciliara con la ternura. Entre esos pocos en el bar estaba Jacob, con su talante desprolijo de adolescente rebelde. Un avaro quien a pesar de sus conversaciones perspicaces, era alguien para no oír más de quince minutos.

A Melania él le consumía las energías, pero esa noche Jacob le llevó un obsequio. Ella diseñó una sonrisa para él, quien con sutileza le colocó un brazalete. Esto la llevó al olvido, aunque fuese por ese lapso, de las visitas de la carroza mortífera. Melania inventaba peripecias para disfrazar la sensación de que todo era vano, pero ésta era manifiesta en sus inmensos ojos.

Bebió un tequila que pidió a Larry y con audacia se arrimó a otros tres clientes que apenas pagaban unos bailes en el piso. ¡Pero qué más daba! Meneó un poco las caderas para cada uno de los insulsos durante seis baladas que le parecieron eternas. Carcajeó con frivolidad, tomó el dinero y se alejó.

El público empezó a llegar y la jornada era prometedora para generar harto, pero ella poco podía con su espíritu. Entre un cliente y otro, fumaba en el rincón en que se escudaba. Casi al medio de la noche lograba su meta. Meditaba acerca de la fuerza que urgía, cuando de repente se sentó a una mesa un regordete bien trajeado y adornado con cadenas de oro.

Melania lo aproximó. El tipo le preguntó sonriente su nombre y le pidió que le bailase, puesto que pronto regresaría al tedio de su esposa y deseaba tocar antes una mujer más joven. Así que fueron al área privada y ella lo sedujo durante cinco canciones insufribles, durante las que él insistía con hurgarle los genitales.

Las iconografías entre lo remoto y lo vigente arremetían su mente. Reanimó el aire al pensar de que en dos horas, Sarón la protegería entre sus brazos. Y por un instante quiso estar en su piel, porque hasta entonces nada le recriminaba con respecto al opus. Pero esto llevó a Melania a dudar de él, como de todo y de todos.

Bajó el telón de otra secuencia, entró al camerino, arrojó los tacones y se refregó cada parte del cuerpo con toallas húmedas, echándose luego algo de otro perfume. Un atisbo de alegría le recorrió el estómago. Al salir, abrazó a Bill y a Zoe, caminó de prisa hacia el estacionamiento y entre la neblina de la madrugada, lo distinguió.

Entusiasmado como alguien que había buscado su tesoro durante añares y se aferraba a él después de encontrarlo, Sarón la mimaba con sus manos níveas mientras conducía hacia su granja. Melania se conectó en esa experiencia profunda. Quizás allí, en esa lejanía, cedería a aperturas.

De repente oyó el rechino de un caballo. Y en esa corriente que la rozaba de forma disímil, sintió como si se acercasen vientos de cambios. En definitiva, en lo que llevaba vivido no había hecho más que tratar de inundar cada fracción de ella misma que persistía en la idea de lo vano en cuanto al apego. Y por entonces Sarón trasquilaba esa emoción. En la galería, tras una lumbrera colosal que permitía estimar la infinidad del bosque, se amaron con la fuerza de los que habían aguardado por el fruto de una buena cosecha.

Al abrir las puertas del refectorio que ya emitía el aroma de la comida caliente, dio entrada a los primeros errantes, que habitualmente constaban de unos 40 en cada mediodía. Llevaba tres jornadas sin ver a la africana y echaba de menos la luz del hijo de la misma, Josh. Otro año que rebasaba su fin. Una fortuna que los erráticos desconocían en la dilación de sus mentes. Para ellos, cada uno sobrevenía paralelo al previo.

Melania removía el guisado en esa cazuela de campamento. Aún quedaba alimento por si alguno aparecía. En ese momento sintió que alguien tocaba el borde de su delantal y al voltear fue como si se hubiese detenido su flujo de su sangre. Era Josh, quien en el encanto de los primeros pasos que emprendía, caminó hasta la cocina. Ella lo estrechó entre sus brazos mientras sentía la gloria. Y el niño bosquejaba carcajadas.

A poco de observarlo mientras saboreaba el guiso y la madre finalizaba su plato, comenzó la limpieza. Cuando sólo los colaboradores y ellos estaban presentes, le preguntó a la jovencita si se mantenía en dar en adopción a Josh. Ella aseveró con un movimiento de cabeza, pero explicó que la gestión se retrasaba debido a que nadie suspiraba por un niño negro.

Melania intentó componerle el ánimo al decirle que fuera paciente. Pero se le comprimió el corazón al pensar que Josh dependía de la perversidad del racismo. Lo miró con ternura, le puso pomada en sus mejillas ajadas por el sol decembrino, lo rebozó de besos y los vio partir.

A pesar del alce de temperatura, Melania dispuso hacer una parada en la pista de patinaje para trazar nuevas estelas, o simplemente pulir sus primitivas. Urgía de esas destrezas como del aire que inspiraba. Es que se le cortaba la respiración al pensar cómo llevaría su vida sin oír a su abuela, sin la certeza del fabuloso hecho de saber que existía.

También abordaba por Sarón emociones que nunca antes había experimentado. Lejos de la pasión, él daba la esperanza de ser uno de esos amores como ella había buscado hasta debajo de las piedras, uno que te acompañaría hasta el final de los días. Pero temblaba por la presura con que este caballero proyectaba todo.

Por otro lado, se ahogaba al admitir a lo que al apego la inducía, al sentirse irresoluta del estoicismo del opus, la pasión por la labor con los errantes y el paradero incierto de Josh. Se entregó al aire para que tal vez calmara esa pavura que Melania profesaba hasta en las resonancias de los motores de los barcos y aviones que cruzaban sin cesar y la enloquecían. Por vez primera se desplegó por el hielo sin recelos de que alguno la reconociera. Una vez que amarró sus demontres, volvió a formar parte de lo terrenal al salir de la pista.

Ella abrió armoniosa su bolso, extrajo las llaves del automóvil, se cobijó con un tapado blanco, puso en marcha el motor y respondió a una llamada de Sarón, a quien se le dificultaba entender los ensimismamientos de Melania. Pero acabaron por reírse de cada una de sus divergencias.

Melania condujo por el acueducto que despuntaba en su cielo todas las figuraciones de ensueños por su desborde de belleza.

Menos difusa, acopió el correo antes de subir al elevador. Entre anuncios descubrió una tarjeta sin expedidor. Al abrirla vio que pertenecía a Antonio y venía desde la prisión. Con sus alegatos, él la hizo añicos al decirle que moriría sin tener el acierto de su palpitar.

Abrió la puerta y mientras lapidaba cualquier reminiscencia, encendió velas y dio inicio a revisar sus capitales. Escribió al gobernador estatal para pedirle un local más amplio para atender a los errantes, o de lo contrario, un refuerzo de personal, puesto que se le partía el alma al tener que restringir la admisión. Cada mediodía eran más bocas que alimentar y menos manos para ayudar. Con la expectativa a flor de piel, quiso pasear por la rambla y beber chocolate caliente allá fuera, en medio de lo mundanal.

A las nueve de la noche salió a toda prisa para que nada la distrajera, pues se sentía cercana al límite. Y en su camino se le apareció un errante que sostenía un cartón en su mano y pedía ayuda. Melania le dio al hombre unos billetes y un cigarrillo, y al cambio de la luz del semáforo, él se despidió con un, "Dios te bendiga".

Entró al cabaret sin poner reparo en los derredores y se sintió serena de saber que Zoe trabajaba esa noche. Las demoras en el camerino siempre la inquietaban, y a veces le inhibían los deseos de salir al piso y volver a casa. Así que lo más rápido que pudo, se alistó para la cacería. Seguro su amiga estaría en uno de los cuartos.

Se acercó al tonto de Albert, de quien brotaba un hedor

repulsivo, aunque el humo de su cigarrillo lo aplacaba un tanto. Aunque el tipo no gastaba una moneda en las horas perennes en que ocupaba una silla en el bar, sus galanterías con ella subsanaban su inquina. Albert era un piloto de aviones que se profesaba desdichado por tener una hija discapacitada y transmitía su infelicidad en sus ojos, de un color tan llamativo como los amaneceres en Nueva Gales del Sur.

Al levantarse de su lado, Melania deliberó en la energía de las confesiones que quedaban en el bar, como la de las promesas de los hombres cuando están bajo el idilio de una conquista. ¡Cuánta invención superflua! ¡Cuántos testimonios innecesarios! Aguas dulces y saladas que salen de una misma boca.

Frenó el pensamiento al ver a un tipo que le flirteó desde unos metros de distancia, anduvo hacia él y a poco de saludarlo, descubrió conocerlo, pues le había bailado en una ocasión. Se llamaba Stevenson y decía ser un capitán de barcos. Manifestó que quería apartarse a uno de los cuartos y al tomar de su mano a Melania, se la puso en el bolsillo de su pantalón para que palpara que cargaba un condón. Ella alejó su mano, tragó su tequila de un succión, le dijo, "Pues mira, vamos por un poco de diversión mientras tanto", y agregó una expresión felina a su rostro para que el tipo ni tuviese tiempo a la duda.

Stevenson consintió sin rodeos. Melania logró encenderlo con la primera canción. Ella le bailó unas tres más mientras él exclamaba que estaba listo para el acto sexual. Ella le dijo que no lo practicaba, recogió el dinero, caminó al cuarto de baño para enjuagarse los senos y volvió a la jungla.

Entre un cliente y otro, observaba el horizonte desde una punta de la barra antes de un nuevo contraataque. Y mientras escuchaba a Bill, vio al capitán de barcos en conversación con una jovencita preciosa. En un parpadeo, ambos marcharon hacia un cuarto. Melania deliberó que cada uno de ellos obtenía lo que buscaba.

Caminó el piso sin éxito, pero se armaba de paciencia, la que después sustentaba con el patinaje. Volvió a resguardarse en esa esquina, encendió un cigarrillo e imploró que de no ser sus feligreses, ninguna de sus compañeras se le acercarse y esparcieran malas vibras con sus quejas.

Pero al parecer ella era un imán para esas pesimistas. Como Alina, aquella libanesa oportunista que aunque sucedieran los años, mantenía invariables sus quejas y siempre tenía el ojo encima de Melania, sin perder una oportunidad de encajar mientras ella hablaba con los clientes. Una hipócrita que se llenaba los labios al decir que la admiraba y le tenía estima desde que iniciaron el opus. Pero cada vez que Alina abría la boca, Melania deseaba que la calma no la abandonara, pues más de una vez deseó vociferar que ya no aguantaba su negatividad ni la codicia que emanaba por sus ojos.

Pero ni la pena merecía mencionarse ahí dentro. Convenía ser como una esposa que le consta que el marido la engaña, pero elige hacerse de la vista gorda. Por fortuna, al cabo de un lapso en que la estólida seguía lamentándose, se hizo presente un joven atlético que había estado en noches anteriores. Melania brincó entonces hacia Shain, dio rienda suelta a su coqueteo y se fueron al área privada.

Ella prefería esos clientes a los que nombraban "In and out". Se hacían presentes al cabaret con prisa hasta para escoger la butaca en donde sentarse. Consultaban de forma afanosa el reloj, saciaban su lubricidad con la primera mujer que los aproximase y se iban.

Mientras se meneaba para los anónimos, sonaba con frecuencia una canción que le rememoraba el instante en que conoció a Sarón, lo que le avivaba efectos como el de regocijo y el de los deseos de salir corriendo de aquella opacidad. Pero domaba la sensiblería, pues hasta entonces desconocía si él era el amo de esos brazos a los que la iban a llevar los tifones, por lo pronto si valía la pena era luchar por su sueño.

Así que Melania asintió al llamado de aquel moreno de aspecto misérrimo que elegía mujeres blancas. El tipo no dejaba de lamerle los senos, pero cuando ella se apartó, él le murmuró, "Puedo ver la bondad que llevas dentro", lo que le robó una sonrisa franca a ella, pues nunca esperó que el tipo asumiese la capacidad de ver por dentro a una bailarina de cabaret. Pero de todas formas, al sellar esas dos baladas, corrió a lavarse con ímpetu los senos y el torso.

Colmaba sus partes humanas con la labor del refectorio, la lectura, las destrezas de patinaje, la ternura de Josh y la alucinación de lo más afín al amor que le brindaba Sarón.

En ocasiones visitaba la granja donde él vivía y aquellos aires le sentaban bien. Pero ese retraimiento de todo y de todos era suficiente sólo para un día. Ella pertenecía a la urbe, a las aguas, a la gente. Era un espíritu libre, una viajera que precisaba de extensión constante.

A él, por el contrario, le gustaba vivir en aquella lejanía. Melania por momentos temblaba que Sarón la apartara del mundo al que ella se debía. Pero aunque sabía que lo echaría de menos, bajo su instinto gitano retornaba a su morada. Ella amaba los meneos del carrusel.

Melania entregaba porciones de alma en el comedor. Gracias a su obstinación inacabable, el comisionado estatal autorizó aumentar el auxilio. Si bien el gobierno de Nueva Gales del Sur no enviaría colaboradores, si les entregaría un local del doble de superficie en la periferia, junto a unos kilos de alimentos semanales.

Esto la rebalsó de contento, pues implicaba la admisión del doble de errantes, más sonrisas por incitar, más vida que entregar. También solicitó al funcionario que no revocara la admisión de Josh. Ella no tenía corazón para dejarlo ir.

De camino al club, se detuvo en una farmacia por tabletas descongestivas. Y apenas bajó del auto, como proveniente de una galera se le apareció una mujer, tal vez no mayor que ella, acompañada por una niña. La mujer le ofreció flores que había hecho ella misma por la suma que Melania estuviese dispuesta a darle y le confesó que era para comprar comida.

Y después de darle dinero por las flores, Melania anduvo unos metros hasta el local mientras desbrozaba toda duda. Era convincente que aquellos seres podían leer su bondad y la fuente de amor infinita que de ella emanaba. Y es que en diferentes territorios, esas almas y ella siempre se topaban. Si bien David aludía que los errantes emergían por doquier, pero sólo ella los apreciaba.

Con una alegría inefable, como la de una enamorada de su labor o la de alguien que se hubiera ganado la lotería, entró al cabaret. Pensó que en sólo dos semanas les entregarían al grupo que cuidaba de los erráticos las llaves de la nueva edificación.

Y esa señal era el más preciado fruto de lo que había alcanzado luego de meses de dedicación e insistencia. Tenía en mente afinar la puntería de la caza en las noches siguientes para, llegado el momento de inaugurar el nuevo comedor, ella pudiese dedicarse de lleno a la apertura. Ameritaba una semana sabática.

Salió del cuarto de baño y se puso de pie en su esquina favorita. Enajenada, la mariposa deseaba echar vuelo mientras profesaba optimismo. Ansiaba zarandear el almanaque y que ya fuese el primero de febrero. Ni siquiera terminó el primer cigarrillo cuando vio llegar a alguien y se puso en situación de ataque. Es que las codiciosas imperaban y debía andar con la rapidez con que patinaba.

Anduvo hacia él, aunque aguardó unos minutos para que el recién llegado se acomodase en la butaca del otro lado del bar. Aunque lucía joven para su gusto, Melania lo aproximó sin perífrasis. Se le sentó del costado izquierdo y dejó entrever algo las bragas blancas que vestía. Por fortuna para ella, el sujeto reaccionó con afabilidad.

Dijo llamarse Brandon y ser de origen australiano. Era refinado y tenía una tonalidad de ojos igual a los de ella. Debido al encanto con que la miraba, Melania le propuso bailarle en privado, a lo que él accedió sin proemios. De pronto iniciaron una balada y no se detuvieron hasta una veintena. El tipo era encantador. Y como los contados con los dedos de una mano, no le relamió los senos. Placía en éxtasis con el hecho de tenerla tan cerca, con que ella le restregara las nalgas en sus genitales, y al voltearse, le contemplara los ojos. Consumada la fantasía, Melania colectó la paga, le dio unas caricias y volvió al piso.

Mientras estaba de pie en uno de los peldaños, Melania distinguió a Brandon en la mesa contigua. Aunque podía darse un recreo de algunos minutos, puesto que ya contaba con una cantidad considerada en su haber, fue hacia él. Comenzaron una conversación y Brandon relucía distendido en su semblante. Ya no estaba afanoso por las agujas del reloj. Le apetecía aún más, y le propuso pasar detrás del cortinaje, sin curiosidades.

Entonces marcharon allá, pero por primera vez ella olvidó recoger la paga antes de dar manos a la obra. Si bien miró atentamente la hora, no fuese a ser que se sobrepasara de lo convenido. Eran las doce y media de la noche, señal que, a la una de la madrugada el cuento habría terminado.

A diferencia de cuando le bailó anteriormente, él, sumido en el embeleso, soltó la verbosidad y unos que otros jadeos al oído de Melania. Sin asomo de dudas, la intimidad con Brandon no era un sacrificio. Y cuando transitaron los 30 minutos, ella se calzó los tacones y le pidió su paga. Abrió las cortinas, y rosándole los labios se despidió y anduvo al cuarto de baño.

Entre idas y vueltas, percibió a Zoe a toda marcha. Se sintió complacida de que los serafines las beneficiaran al unísono. Se acercó entusiasmada a un individuo que le hizo la gracia de la salvación en otras noches, pero el joven hábilmente la ignoró, al usar de artimaña que atendía a su teléfono, aunque de seguro nadie lo llamaba.

Así que como a buen entendedor, pocas palabras bastan, ella se volteó. Pero un caballero de estatura munificente la tomó por el brazo e indagó, "¿Lista para mí?" Melania sonriente replicó, "Por supuesto que sí"". Sin más prefacios anduvieron hacia una mesa.

El hombre dijo llamarse Chuck y ser oriundo de Estados Unidos. Era de contacto visual intenso, pero Melania no le descubría atractivo alguno. En seguida las baladas se sucedían cuando entre sus meneos vio enfrente de ella a Brandon. El tipo, enviciado hasta las entrañas, estaba con Cindy, una rusa de proceder expedito que le restregaba el miembro.

Melania volvió el rostro hacia Chuck, quien le requería que no se detuviese. Al cabo de unas nueve canciones con el norteamericano, ella se recogió el cabello y mientras tanto vio de nuevo a Brandon, esta vez a la deriva en los senos prominentes de una asiática, como si después de varias horas en esa cueva no hubiera saciado aún su libídine.

Melania recogió la paga de Chuck, quien de forma deslucida la invitó a cenar. Ella le dio una disculpa y anduvo hacia el camerino para redelinear su contorno labial. Y durante ese acto profano inquirió si alguno de esos hombres podía concebir en su piel lo que sentían ellas, quienes eran manoseadas por sujetos anónimos. El suplicio constaba en antítesis con la fruición que ellos revelaban al tocar unos trozos de carne. Además, recordó la veracidad de que nadie que te amase podía asentir en esto.

Como de costumbre, de un hecho insignificante ella entrecruzó sucesos y ahondó en su propia historia. Hasta le pidió a Sarón que ya no la esperase en el estacionamiento del club. Es que le incitaba un efecto horrible. Era eso lo que hacían los vagabundos que enviaban a trabajar a sus mujeres, mientras ellos miraban la televisión echados en un sofá.

Y de súbito, la entrada de Iris desglosó la vanidad de su mente y la llevó a la realidad. Así que salió del camerino, pues debía sacar fruto de la buena estrella que la acompañaba. Las horas habían sucedido de prisa, en sólo dos se marcharía.

Unos días después, en la granja de Sarón, Melania se acobijaba en su pecho, pero cuando le miraba a los ojos, se extraviaba un poco en el desconcierto de ternura que él exponía junto a un costado tirano que simulaba bajo la finura de un velo. Una túnica que por más esmero que le ponía, se caía a veces dejándolo al manifiesto. Ahí, durante el despliegue, era cuando ella ponía en tela de juicio la legitimidad de ese varón.

Y en el silencio de su corazón, Melania reclamaba a la voz a que le declarase los céfiros en corrientes precisas. Si bien su afición junto a su risa melosa la disuadían, ella, tozuda, no ignoraba su instinto.

Aquellas mañanas en la granja la hacían feliz, y de algún modo el relinchar de los caballos y el mugir de las vacas le avivaba la memoria de los campos en América. Cocinaba mientras él la envolvía en abrazos que la cautivaban hasta los huesos. Y en las andadas que daban por la comarca, como por la metrópoli, él la sujetaba de su mano de forma absoluta.

Para ella, la melancolía que traía el invierno la encerraba en la ensoñación del amor. Pero también incitaba su altruismo hacia desamparados como Josh. E incluso Sarón, quien, aunque vivía en una estancia propia, estaba tan o más solo que aquellas almas inermes. Durante los fines de semana en que Melania trabajaba, sentía una sensación errónea al partir hacia el cabaret, mientras él nada más expresaba lo mucho que estimaba su devoción por el comedor.

Pero ¿cómo adelantarse al destino? Sólo debía pensar que lo que debiese ser, acaeciese. Melania distinguía un atisbo de zozobra en cada uno de los idilios intrínsecos que conservó. Inclusive en éste. Pero todo lo que dentro se le hacía desgarrones, era remendado con las utopías infinitas en los ojos de Josh, así como en las pericias en la pista de patinaje, donde se sentía libre como los céfiros.

Mientras se hamacaba en la mecedora en el balcón ese lunes primero de febrero, apenas contemplaba allá en el muelle lo ostensible entre la neblina. Es que la permanencia en el lecho le retenía las horas. Sólo deseaba que rayara la primera luz del alba para abrir las puertas del flamante comedor y sentir poco después el primer vapor del guisado.

Cuando fueron las seis y media de la mañana, Melania pegó un brinco y fue hacia la ducha. Envuelta en la toalla, entró al guardarropa y con parsimonia eligió un vestuario prudente para la ceremonia de apertura, donde estarían el intendente y funcionarios de salud pública. Emocionada hasta las entrañas, se atavió con una blusa de tonalidad turquesa, un pantalón blanco, botas y un sobretodo negros. Al cepillarse los dientes, se detuvo ante el espejo para conectarse sin temor con la profundidad de sus ojos y les dijo, "Ésta eres tú".

Estiró su cabello y al sujetarlo en un rodete, dio oídos a los pájaros que movían las alas a pesar del rocío. Esos que antes del fallecimiento de su abuela, jamás se mostraron con tanto ahínco en su lumbrera. Entonces, de súbito, renació la niñez y el amor con que las manos de esa dama crinaban los cabellos de Melania. Profesó un apego inenarrable y le recitó su himno, "Oh amor puro y verdadero, ven ahora, ven ya". Echó un vistazo a la ventana para ver los pájaros, pero eran como ella, que sin dejarse ver se sentían.

Se frotó los ojos, aplicó brillo en sus labios y luego un maquillaje sutil en las pestañas. Tomó los enseres de la mesa, sujetó el bolso y desfiló por las escaleras como mariposa. A toda marcha llegó al comedor, donde encontró a sus feligreses en lo que sería una jornada célebre. Alzó la mirada al cielo que esplendía pureza y suspiró al sentirse escogida.

A poco comenzó el acto ceremonial, entre la llegada de algunos errantes anticipados, unos reporteros y el profeta David, quien estaba a su lado en cada evento importante. Y en el minuto en que el director del refectorio daba inicio al corte de las cintas de estreno en medio de un silencio reverenciado, se oyó la vocecita de Josh, quien daba pasos de lado sujeto de la mano de su madre, quien ya no era capaz de cargarlo debido a su embarazo avanzado.

Conforme sucedía el cortejo y a pesar de la conmoción que le corría por las venas, Melania, tenía en mente una petición que había hecho al trabajador social presente sobre la adopción de Josh. En una oportunidad pasada, el señor Peterson le expresó, "Tu compasión por el niño es enorme. Te sangra el espíritu por él. Deberías adoptarlo tú". Así que le pidió a Betty, la subalterna del comedor, que la representara por un lapso, es que debía correr detrás él y no esperaría hasta obtener una cita.

En el medio del terreno, ampararon entrambos un diálogo del cual sólo el silencio de la mañana fue testigo. Ella retornó y comenzó a pelar cebollas, como si las palabras nunca hubiesen tomado lugar. Y mientras caminaba con una bandeja en brazos, la invadió la dicha al ver a Josh. De súbito resignó el paso y posó la bandeja en una mesa para poder estrecharlo a su pecho. Es que concebía un amor desmedido que era incapaz de contener al verlo. Ese niño le incitaba la devoción por la vida.

Casi un centenar de erráticos almorzaron ese gran día en el comedor, junto a la alegría que brotaba en aquellos murallones impulsada por el olor a cemento nuevo que resucitaba esperanzas.

Siendo la hora de la siesta, apenas terminado el fregado de la cocina y los pisos, al poner a funcionar las alarmas y dar cerrojo a las puertas, cuando todos se habían marchado, absorta entre mil emociones, el brinco de una ardilla hizo pensar a Melania sobre la ausencia de Sarón a la ceremonia. Meditó que en cada suceso significativo, en absoluto la acompañó alguno de sus amantes, sino por el contrario, sus amigos.

A pesar de que el sujeto en cuestión le dejó un mensaje en el teléfono, ella, ya estaba harta de frases, urgía hechos. Resolvió ir a casa, pues el desvelo y las excitaciones la habían dejado sin habla. Precisaba estar con ella misma para gloriarse bajo su ritual. Es que desde niña se le había adiestrado a estar a solas.

Pero Sarón, que al plazo de varias horas sin saber de ella se exasperaba, la llamó. Melania respondió el teléfono sin reprimendas y le pidió un espacio para descansar, al saber a ciencia cierta a estas alturas que todo era a los tiempos de él. A ella le fue bastante lo que su ausencia al acto ceremonial le profesó como para añadir un altercado que eclipsara dos años de ardua labor.

Fue como que a partir de entonces, al velo, del caballero se le hiciera un hueco. El trató de convencerla para verla luego, pero ella dio primacía a sus propios instintos. Se quitó la ropa, se desató el peinado y se atavió el pijama. Preparó té y sentada a la alfombra del suelo del living, abrió una arquilla y extrajo retratos de sus padres e Ignacio. Los esparció a su alrededor y mientras daba inicio la voz, que decía, "Esos céfiros...", circundada en una alucinación de paz, se durmió.

Al primer parpadeo desconoció hasta su casa. Anduvo hacia la cocina, y supo que eran las nueve de la noche. En desconcierto, tomó un baño y antes de salir del cuarto, aclaró los laberintos, pues rehusaba mancharlos en la lobreguez de una jornada inmaculada como ésta. Llamó a Rose, quien era materia dispuesta a celebraciones de toda índole, y convinieron encontrarse en el bar irlandés.

Melania se vistió con prisa y salió a toda marcha mientras

entonaba las melodías que sonaban en la radio. Pero también conceptuó en la ciencia de los magos para explicar la ambigüedad de sus identidades. Ambas vidas convivían en un mismo espíritu, algo casi inconcebible, pero tan real como su nombre.

Mientras jugueteaba entre las ciénagas de la lluvia, cruzó la calle. Entró al bar y distinguió a Rose junto a Brisa, quienes al verla llegar alzaron sus copas de vino acorde. En ánimo festivo rieron las tres, lo que avivó las miradas masculinas. Al parecer, la lluvia provoca amoríos, ¡aunque ninguna otra vez vuelvan a verse!

Ellas asintieron formar parejas de billar con los australianos de la mesa contigua, y una que otra copa de vino más. Aquella noche, a Melania nada la turbaba. Se sentía venturosa, olvidó el tiempo y supo que eran las dos de la madrugada cuando iban a cerrar el local. Como damiselas, en jolgorios, salieron del bar las tres tomadas del brazo mientras saltaban los cenagales. ¡Valía la pena estar viva!

Daba volteretas en la cama. A poco de quedar dormida, era aprehendida en algún espejismo y despertaba con el deseo de ahuyentar a los duendes. Así que resolvió dejar el lecho. Puso agua a hervir y se acercó a la ventana mientras apoyaba una mano abierta en los cristales.

Imaginó otra que llegaba desde la parte exterior a acariciarla al posarse en sus dedos. Alzó los ojos al cielo, que se confundía entre la huida de la noche y la entrega del día. Llamó a Sarón, a quien llevaba una semana de abstraerse a verlo. Y aunque rehusaba su aceptación, echaba de menos su piel blanca, el color celeste de sus ojos y la sensación bienhechora que por instantes le brindaba.

A pocas horas apareció el caballero, quien al minuto de verla ablandaba la dureza de su rostro y trazaba una sonrisa. Uno y el otro remozaron el romance que los envolvió durante la integridad del día. Tal vez la soledad o la debilidad femínea la llevaban a pecar. Porque con tan sólo esa presencia, de casi todo se olvidaba. Se acariciaron cada grano epidérmico y por momentos daban espacio al silencio para oír los latidos del corazón del otro, cerrar los ojos y constar que estaban juntos.

Aunque llovía, dieron un paseo por las calles. Pero la caída del chaparrón estimuló la parvedad de Sarón con la afinidad de los niños, lo que era antípoda a los entusiasmos de Melania. Él poseía la maña de un vaivén vehemente en el actuar, pues de algarabías saltaba a la fiereza.

Llevaban cinco meses de cortejo, lo que acercaba la posibilidad de un matrimonio. Él detuvo su andar frente a ella, le tomó el rostro y la besó con efusión. A pesar de eso, Melania osciló sobre el modo en que el exteriorizaba su interés, puesto que a veces, sin razón, soltaba al déspota que procuraba de encubrir.

Entonces, a través del gorjeo de un ave, ella vislumbró sus vidas juntas. Melania estaba dispuesta a la maternidad, aunque cercenaba la mariposa libre que encarnaba. Sarón le representaba el bien y el mal. Le sugería un propósito de tenencia que le temblaba hasta la médula, pero también un amparo que le callaba la pavura incesante que la emboscaba desde el inicio del opus.

En el raudal que le corría por la venas, a Melania le costaba desencarnarse de su auténtica esencia y tener que conectarse de nuevo con el opus. Como en otras épocas, de camino al cabaret detuvo el motor del automóvil en el acueducto. Descendió, y se mantuvo inerte por unos minutos.

Pensó que quizás los triunfantes también habían combatido con la hiena de dos identidades. De esa disputa nadie recibe el indulto. Y de algún modo la reflexión la alivió. Observó a los lugareños en el ápice del canal y se intrigó en cómo habrían hecho ellos para vencer al verdugo que llevamos dentro.

Al volver al vehículo, deseó dilucidar ese entresijo para que no le llevara mucha más vida. ¿Quién sabe? ¡Quizás sólo requería coraje, no pensar y dejarlo todo! Pero por lo pronto, ahí estaba ella con el florilegio de toda una vidorria, con pasiones que lapidar, con ramalazos que borrar de la memoria, pero sobre todo, con un sueño que poco a poco prendía en sus manos.

Inhaló y entró en el cabaret. A poco estuvo lista, se sentó contigua a Jerry, un contratista que tragaba a más no poder porque la comida allí era sin cargo. A pesar de que apenas era capaz de dar unos pasos debido a su sobrepeso y que al sentarse en el bar ocupaba dos asientos, Melania, era la única que podía acercársele debido a su tirria y racismo, puesto que los australianos de tez blanca eran prejuiciosos con los inmigrantes.

Melania poseía la gracia de simpatizarle a los más insólitos. En ocasiones le daba unos masajes a Jerry, aunque éstos le destrozaban los dedos. Él pagaba las costas de dos baladas y poco después, la mariposa sobrevolaba a otro. Pero esa noche Jerry estuvo a su lado más de lo usual. Al refugiarse en los párrafos que soltaba con él, Melania se sentía frágil.

Pero cuando oyó el nombre "Victoria" que la convocaba a la tarima, se le erizó la piel y fue incapaz de andar hacia allí. La llamaron dos veces más y no se dio por insinuada hasta que Bill le rozó la espalda. Se excusó con Jerry y dio unos pasos tan rígidos que se enredó el tacón derecho con el vestido.

Pero todo esto no atajó sus destrezas en los aros plateados que colgaban del techo. Relumbró con su estilo inconcuso aunque se le desbastaba el aliento. Optó por persistir en el estado alfa que le aportaba la elevación tanto de ese piso ajado, como de esos fatuos que ejercían la gula y lujuria a diestra y siniestra.

Al bajar de la tarima apenas recogió un billete que se lo daría a Joane. Entonces fue al cuarto de baño y permaneció en una charla extendida con esta dama. Como en decenas de veces, era sólo "Victoria" la que estaba en esa penumbra. Melania cargaba el pesar de su alma mientras deambulaba por las paredes del comedor, los ojitos de Josh, las manos de su abuela y el regazo de Sarón.

En su vuelta a la jungla, Melania soltó la risa a ver a Ramón, un español gandul que poseía una faceta adepta. A veces estaba horas perennes sentado en una esquina sombría. No bebía más que vino tinto, ofrecía un cóctel a la chica escogida y sólo pagaba unos bailes de mesa.

No obstante, el tipo era avispado en los diálogos y tenía ese cendal furtivo de una doble vida. Relucía el anillo de bodas que usaba por una veintena de años. Pero mientras su cónyuge trabajaba, Ramón despabilaba la imaginación. Vale subrayar el respeto que mantenía por las bailarinas. Aun teniéndolas desnudas y tan cerca, jamás ponía un dedo encima de ninguna. Él era el típico que si eras una novata, te engatusaba por ese don.

En fin, la compañía de Ramón podía ser como trabajar en el teatro, en el que poco se gana, pero mucho se disfruta. Melania se meneó cuatro baladas para él, ambos rieron otro tanto, ella tomó un tequila y se despidió.

Caviló acerca de las esposas. ¿Sería que la táctica era hacerse de la vista gorda para sumar años de matrimonio en vez de amor? Inverosímil resultaba no ver lo evidente. ¿Quedaría un atisbo de lealtad en el alma?

Un patrón análogo regía cada jornada en el cabaret. Por un lado, cuando el espíritu celeste asentía, encumbraba a Melania y a sus compañeras con los indulgentes. Pero cuando ardía el fuego eterno, descosía a los ruines. Y el opus era así un amor-odio profuso.

Melania se aproximó a uno que estaba en una mesa inmediata a la tarima. El aspecto del tipo era de esos necios incurables. Pero ahí dentro se jugaban todas las cartas y sin apuestas no había victoria. En la tentativa por convencerlo para que gastase en ella, alguien llamó al sujeto al teléfono y el estólido dijo a modo de burla que era su cónyuge. Añadió bromas acerca de que la esposa creía que él se encontraba de retorno a casa. Pero ante la insistencia en los llamados, corrió como un rufián hacia la puerta de salida para que la música no lo delatara.

Entonces Melania apuntó hacia otro que fumaba en el bar central. Bien puesto, ataviado con una camisa inmaculada, cruzaron de inmediato algunos párrafos. El tipo se acercó al cuello de ella para oler la fragancia que emanaba. Y después de hacerlo le dijo, "Está correcta". Esto la desconcertó y le preguntó el motivo, a lo que el individuo respondió, "Es que evito que mi mujer se percate que estuve aquí. Algunas de ustedes usan unas esencias muy extravagantes que se le impregnan a uno". Entonces ella le dijo, "¡Pues vamos hacia atrás que te bailo!" Y él asintió.

Sin asomo de dudas, el opus era como una parodia de la vida misma. Se pasaba por todo hasta que el compositor de tu destino te daba una gala bajo otros decorados. Pero con la sabiduría de que lo que aclamaste como amor o pavor no fue otra cosa que un ensayo de tu propia resistencia.

Melania danzaba entre el todo y la nada. Atareaba el cuerpo o lo cedía al retraimiento absoluto. Por entonces, hizo un paréntesis con Sarón. Mejor que él se quedara en su granja y ella en "el glamour", como él juzgaba con ironía a la urbe.

Ella ya no quería más sumisiones, excepto a sus sueños. Porque una existencia sin ellos era marchitar el alma. Así que se adentró en su propio santuario, donde la voz reapareció y le dijo, "Ni aunque un mortal se interponga, se podrá impedir lo que he designado para ti".

Durante ocho días no hizo otra cosa que asistir al comedor, trazar estelas en la pista, mantener reuniones con un asesor financiero y por gracia Divina, y su pertinacia, logró entrevistarse con el señor Peterson.

Desde esa conversación aislada en las afueras del comedor habían transcurrido siete semanas. Es que mientras Josh continuaba a la tómbola de un acaso y su madre registraba siete meses de gestación de lo que iba a ser una niña, los tiempos fenecían.

Melania debía extraer pujanzas para resistir otro lapso en el opus. Su capital reservado casi rozaba el valor para mancomunarlo con el de una australiana llamada Betty y dar apertura a una cooperativa en los suburbios de la ciudad de Perth, donde las alquerías eran menos costosas y el gobierno prestaría apoyo con patrocinadores que costearían salarios a las inversoras.

Betty, quien raspaba los sesenta años, era viuda de un pediatra y llevaba dos décadas consagrada a los inermes. Adoraba a los niños, aunque nunca tuvo los propios. Su esposo trabajó en hospitales estatales, por lo que ambos mantenían vínculos estrechos con funcionarios gubernamentales. Por esta razón, Betty era la delegada del comedor en Nueva Gales del Sur, donde Melania llegó una mañana de modo fortuito y se ofreció como voluntaria.

Trabajaban juntas desde hacía veintiséis meses. Las unían afinidades, pero sobre todo, el sueño colosal de cimentar un espacio propio y soltar ese caudal de ternura por el prójimo que ambas poseían. Esta señora era un espíritu cardinal en las ilusiones de Melania, quien a pesar de cuanto significaba para ella, no le había informado del modo definido en que se ganaba el pan de cada día.

Por ironía, las runas se revelaban en cada ocasión que Melania optaba por adentrarse en su templo y tomar distancia del amante que ocupaba un espacio, ¡qué vaya a saber para quién estaba asignado! Y lo que unos llaman destino y otros suerte, emprendía su camino.

Entre la sombra de los pinos y los resplandores del sol, Melania terminó de poner la mesa y refrigerar el pastel para Josh, que cumplía dos años e iba a esperarlo en el parque central. A ella no le cabía el corazón en el pecho.

Inmersa en aquel evento, Sarón irrumpió su armonía. Quiso participar del festejo, pero Melania prefirió que no lo hiciera. En eso tampoco los unía la semejanza. Él, como muchos hombres cuando su compañera no es su sombra, emprendió ofensivas. Por ventura, ella justo vio llegar a Josh, así que hizo caso omiso a sus soflamas y se despidió de él antes de que su negrura desanimara el evento.

A través de los ojos del niño a ésta inmigrante le palpitaba la dicha. En el momento en que Betty estaba alerta de Josh y los otros más chiquillos en sus juegos, Melania se apartó para retomar el hilo de la adopción con su madre. Al cabo de un lapso se reincorporaron al grupo y como cada diálogo que ella mantenía sobre el asunto, éste siempre quedaba en el anonimato.

Fue una jornada feliz. De camino a casa, llamó a su madre. Ya era tiempo que le pusiera al correr del giro de su carrusel peregrino. Es que también debía compartir con alguien sus ensueños, y quién mejor que Ariadna. Ningún otro sabía del motor de su alegría. Algunos deducían que era el afecto del norteamericano, pero eso era tan sólo un grano de arena en toda esa playa que yacía en su alma palpitante.

Su madre le insufló su alegría en cada célula y con ese sentir abrió las ventanas para oír al viento, al que le recitó, "Oh amor puro y verdadero, ven ahora, ven ya". Y amparada por la presencia inquebrantable de un amor que ni la muerte lo devasta, puso a hornear panecillos para llevarlos a la rambla. Echaba de menos a los errabundos.

Mientras tanto, estudió otra vez sus finanzas sin pasar por alto lo que el corazón le dictaba en ese sigilo. Sarón la distraía, la apresaba, pero si bien a veces la cohibía, también lo extrañaba. Poco a poco la avenencia les funcionaba y aunque atañera desertar de esa unión, como un desquicio consentiría a casarse con él. Planeaba proclamar el "sí" perentorio en días venideros.

Melania se adentraba a su santuario cuando se aislaba del opus e irónicamente, definía sus deseos más hondos en ausencia de los amantes. Pero ni bien los panes estuvieron cocidos, llamó al señor Peterson. Y en ese momento en que el teléfono sonaba, no pecó de ignorancia acerca del mentís de su sentir y hacer. Le trepidó la esencia ante el veredicto sobre la adopción de Josh. En secreto, ella aspiraba desde hacía ocho meses a la adopción del niño, un lapso idéntico al que estaba con Sarón.

Es que el destino opera a modo de sátira, con un sinnúmero de quizás. Tres días antes de conocer al que sería su actual compañero de ruta, Melania había hecho la petición legal de Josh. Y no resignó esta apetencia al iniciar el romance con Sarón.

La voz nunca cesó de hablar sobre el ímpetu de los céfiros. Además, en el matiz de los ojos de Sarón creía percibir la opacidad de algo subrepticio. Entonces, al igual que en sus mocedades, cuando le ocultaba alguna verdad a su madre, sintió pavor sin saber el modo en que mantendría su disimulo.

Instó auxilio a la Deidad hasta que el señor Peterson le diera a conocer la resolución. El trabajador social objetó que aún existía una posibilidad de que en la tómbola del azar, Josh fuese a un hospicio. Ella tendría que enfrentar dos querellas ante el Tribunal de Menores.

Melania suspiró en sollozos mientras pensaba, "Más demoras en que se reduce ese bendito tiempo que ni el niño ni yo no tenemos". Se frotó los ojos y puso los panes en la canasta, se engalanó con unas gafas y se lanzó por las escaleras a todo andar.

En los pasos inquietos que daba por la dársena, Melania pensaba a más no poder, "¿Qué pasaría si el dictamen no la favorecía? Y de resultar favorable, ¿cómo se lo confesaría a su prometido? ¿Y si Sarón la forzaba a elegir entre el niño y él? ¿Y si en esa espera aletargada, el postergaba la boda y perdía a ambos?"

Cada conjetura le era un suplicio. Mejor que diera manos a la obra en la entrega de la merienda. Cruzó la avenida, entró a la cafetería y compró chocolate caliente. Luego se instaló en la banca donde solía reposar la mujer hermosa y encendió un cigarrillo.

Fue un instante ceremonial, como cada jornada que tenía con su abuela. Y se consoló al inmortalizar las palabras del mexicano Esteban, de que volvería a encontrar a esa dama oriunda de Turquía. En los cortos metros que caminó, los panes resultaron exiguos. En ese momento deseó que hubieran sido inagotables, como la fuente de su amor.

Ya más serena de regreso a casa, recibió un llamado de Betty con buenas nuevas sobre el proyecto. Pero antes de despedirse, ésta le indagó, "¿Cuándo revelarás el misterio?" Melania le contestó,

"Mañana te espero veinte minutos antes de la apertura del comedor. Necesito hablar contigo".

Bien sabía ella que a duras penas pegaría un ojo esa noche. Conocía la condena de sus estructuras. Llamó a Sarón, quien apenas a las ocho de la noche se disponía a marcharse a la cama. Colgó el teléfono y se sumergió en la tina con una pregunta franca. ¿Qué ausencia le sería insoportable?

Excavó en su sentir, a ése que no podía alejar. Consultó también la ciencia de magos zoroástricos. Y encontró que la presencia a la que no podía desairar se llamaba Josh. Pero el modo en que resistiría un fallo negativo del tribunal se le escapaba de las manos. Brincó de la tinaja y secó su cabello. La soledad ya la hastiaba. Si se daba prisa, llegaría al cabaret antes de las diez de la noche.

Confió en ver a Zoe, pero ella no trabajaba esa noche. Rozaba el punto que sin el soporte de ella, le era peor el sacrilegio del opus. Saboreó un tequila en el bar de Larry y para aminorar su desvelo, habló sin ni siquiera tomar aire.

Era una de esas jornadas fatigosas en la que no acertaba. Iba de las mesas al bar y luego otro poco al camerino. Mientras echaba humo de tabaco a más no poder , se sentía ahí dentro más a la deriva de lo que llegó. ¡Pero a rey muerto rey puesto! ¡A terminar la noche como se pudiese!

Hizo unos pobres bailes de mesa y no dejaba de reírse ante su fracaso. En la última hora subió a la tarima, se enganchó a los aros y se contoneó otro tanto en el tubo. Pero tampoco recogió un céntimo.

Al bajar de la tarima vio llegar a un sujeto. Se le aproximó, pues ya nada tenía que perder si no la aceptaba. Aunque pusilánime, algo tenía. Para sorpresa de ella, al cabo de echar un párrafo, el tipo, que se llamaba Vicente, le pidió que bailase para él. Le pagó por cinco baladas y aunque estaba encendido, dijo que debía marcharse en un vuelo hacia Florencia.

Después de enjuagarse los senos, volvió al refugio vago que le aportaba la punta del bar. Casi de inmediato, Bill le señaló a dos recién llegados y Melania dio sus pasos hacia ellos.

Depositaba ella una excelsitud al caminar, que era absurdo que fuese a pasar inadvertida. Los sujetos dejaron su diálogo y voltearon a mirarla. Melania se detuvo con ansias de que gastasen, pero los tipos, que eran europeos, respondieron con la santa frase aborrecida por todas, "Tal vez luego". Se distanció de ellos con garbo, fue al cuarto de baño y se puso al tanto de la hora. Regresó a los occidentales y les dio dos bailes en el bar. Por fortuna, le pagaron más de lo estipulado.

Al menos reunió para comprar avíos en el mercado y al ser las cinco de la mañana, pasó toallas húmedas por su cuerpo como si ellas le quitasen las máculas. Se puso sus prendas, se recogió el cabello y salió con el sinsabor que trae el hartazgo. Llamó a Sarón, quien le dijo, "En absoluto sé de tu paradero. Creí que te habías quedado en casa". Ella le respondió, "Lo impredecible es lo que te cautiva de mí. ¿Vienes a casa esta tarde?"

Despertó férvida como los reclusos en vigilia. Las tres horas que durmió fueron escasas para reponer el semblante ajado como pergamino que le dejaba el tequila mezclado con el tabaco. Al lavarse el rostro, cayó en cuenta de las confidencias que haría hoy.

Bebió té y cargó los bolsos con cacerolas. Salió a toda marcha, pues debía detenerse por menesteres en el mercado y hacer un depósito bancario. Las esperas la agriaban. Unos minutos que aguardase en esas líneas de pago le eran suficientes para examinar sus decisiones.

Melania, dueña de una puntualidad inglesa, se anticipó a Betty, así que abrió puertas y ventanas, y hasta encendió la radio. Ubicó las cazuelas en la cocina y empezó a pelar papas. Betty la asombró con su llegada sigilosa y flores que había cortado de su jardín para ella. Ambas se sentaron a la mesa una al lado de otra, saborearon un café y sin preámbulos, Melania mencionó su afán en cuanto a la adopción de Josh.

Betty la estrechó en un abrazo maternal con los ojos empapados. Le expresó desconcierto por su denuedo de enmudecer y emprender esa gestión sola. Le tomó las manos y le dijo que emplearía sus mediaciones. Mientras se reintegraba a la labor, Betty le añadió, "En un corto lapso, existirás bajo otra piel". A Melania se le iluminó el espíritu y con calma empezó el guisado. El inspirarse en el señor futuro le resultó un paliativo durante esta jornada.

De regreso a su hogar, como quien coexiste con el sobresalto de una elipsis, Melania se detenía muchas veces a contemplar el paraíso que la bordeaba. Y a pesar de esa consagración, admitió que si naciera otra vez, en absoluto volvería a dejarlo todo. No descifraba el destierro, ni esas banderas de cuanto país existiese en el globo que ondeaban en los vientos de Australia. El inmigrante podría haber dejado su terruño, ¡pero aun engreído hacia alarde de sus cepas!

Todavía ahondó en ese cielo y se preguntó cómo sería en la ciudad de Perth. Si por aquel vergel las providencias centellarían con esa efusión. Enalteció los brazos, renovó el suspiro y siguió el camino a casa. En breve vendría Sarón. De cierto modo el recordar su afecto por él la inmutó. Pero pensó de inmediato que debía operar con tino, porque le iba a confesar casi todo.

Aguardó por él al costado del dique. Mientras avistaba las barcas y los pescadores, y de vez en cuando leía un contrato de la cooperativa, Sarón la sorprendió por atrás con un abrazo. De súbito la cargó en sus brazos y le mencionó haberla echado de menos.

Dieron unos cortos pasos por la dársena y subieron al apartamento. Las caricias lo enunciaban todo. Pero ella evitó el lecho antes de que el cuerpo la condujera al devaneo. Pues si consentía, pasarían la tarde saciando ardores y los develamientos se echarían al descuido.

Entre carcajeos y lisonjas Sarón insistía mientras le pisaba los talones. Pero Melania destapó una botella de vino rosado y lo invitó al mirador. Después de besarlo, le propuso una solemnidad que él aceptó con recelo mientras abría sus ojos y preguntaba, "¿Qué sucede?" Ella tragó el néctar mientras rehilaba qué desahogo dar como primicia, y de repente exclamó, "¡Acepto casarme contigo!"

El futuro marido ruborizado como chaval, la alcanzó con un brazo para sentarla en su regazo y la besó con demencia. Ella se durmió en su pecho y amó el instante en que despertó junto a esos ojos color cielo.

Según había conciliado con Sarón, Melania dejaría la urbe y se mudaría a la granja poco antes de la boda. Esto sería hasta que adquirieran una finca en las periferias de Perth, puesto que él alcanzaría su retiro y se dedicaría a las faenas del campo. El sitio estaría aledaño a la cooperativa que Melania fundaría con Betty y Sarón sería el patrono de su cuerpo que al fin reposaría de los tifones.

Esa mañana, después de acariciar a Sarón con la entereza de su ser, Melania se contactó con la oficina de alquileres. Dejó por sentado que en un mes se marcharía de la que hizo su morada por siete años.

Caminó por la dársena mientras propagaba su amorío y en medio de su alborozo, subió al autobús que la llevaría a la entidad bancaria. Mantuvo una entrevista con un asesor que resultó de lo más optimista en cuanto a las inversiones de consignatarios para la entidad.

Al término de esta gestión, Betty la recogió en la glorieta frente al banco. Fueron a una audiencia con un magistrado del Tribunal de Menores, que con favor divino mediaría para la adopción de Josh .De salida de la oficina, concurrieron a una cafetería.

Melania deseaba el sostén de la dama para sus nupcias. Sin embargo, bajo todo su contento, Betty le cuestionó, "Sabes que Sarón no quiere hijos. ¿Cuándo le dirás lo de Josh?" La joven replicó, "Tengo cognición de ello. ¡Pero no podría llevar la cruz de perder a ninguno!"

Todo le era irreflexivo. Treinta días de sopor que habrían de ser preciosos, puesto que se uniría en matrimonio y quizás desplegaría por ventura la maternidad. Melania dio vuelta con parsimonia a la página, al echarle a Betty un párrafo sobre los intereses creados en la cooperativa. ¡El giro de la ruta del tiovivo de su vida estaba en un momento crucial!

Abrazó a Betty con afección y quiso volver a casa en autobús. En aquel viaje caviló a más no poder, hasta que una niña llamó su atención y en jugueteos con ella, extrañó a Josh.

Ya entre las paredes inmaculadas de su hogar, instó a la voz. Pero fue inútil su reclamo. Profesaba una inmensa ansiedad, así que optó por conducir hasta la estancia de Sarón. Quería dormir junto a él. Tal vez así se le avivara el valor para la confidencia. Divagaron en porvenires, rieron y a poco que sellaron las divergencias, fundieron sus pieles. ¡Pero nada más lejano que las confesiones!

Melania retornó a la ciudad para alcanzar el vuelo junto a Betty hacia Perth. Previo al abordaje trató de decirle la verdad a Sarón por teléfono. Tal vez así sería menos embarazoso. Pero él no contestó a la llamada.

Entre alivio e indecisión, Melania subió a la aeronave. Cerró los ojos y recitó el himno, "Oh amor puro y verdadero, ven ahora, ven ya". La penetró la emoción de ese instante en que la tierra y el cielo se acoplaban.

Apresada por el amor y el temor, despertó en Perth mientras Betty le rozaba la frente con cariño. Melania, cautiva de la suntuosidad de este vergel, no perdía de vista detalle alguno.

Absorbió ese verde silvestre que le excitaba las alas a la mariposa que encarnaba.

Poco después recorrieron la aldea dotada de una hermosura que se hacía desear. Melania despistaba cada pensamiento en el nuevo rumbo del carrusel, pues estaba inmediata a simbolizar la vida que le pertenecía.

Al pisar ese suelo donde se habían echado los cimientos del predio de la cooperativa, Melania profesó que era su herencia, algo que no le había inundado las partículas en el terruño en que nació, ni en el que creció.

Entusiasmada al subir los peldaños que conducían al portal del centro, se inclinó para cortar una flor. Mientras Betty avanzaba con unos de los funcionarios, Melania divisó una pequeña casita cercana. De repente regresó a su puericia, pues la morada era como su abuela le narraba donde ella había vivido en Turquía. Melania aprisionó la flor mientras sintió en su cuerpo el recorrer de una energía y activó su andar.

Luego de terminar de discutir los convenios, Melania supo que la casita la levantó un alemán expatriado en 1947. Al morir éste, su hijo comenzó a rentarla de forma temporal, pero llevaba harto sin inquilinos.

Melania fue a conocer la vivienda. Quizás el espíritu celeste la había creado para ella con ese fogón en el centro, como el corazón en el pecho. Sus baldosas blancas y negras representaban los extremos que ella había vivido. Y estaba recubierta con paredes de piedra que le daban una cualidad presuntuosa. Tenía un techo de madera al que los años no vencieron con su autocracia. La energía que emanaba esa propiedad era plácida, como cuando una madre nutre a su hijo.

Ella soltó la voz del alma y sin reparos exclamó, "¡Quiero que éste sea mi hogar!" Provocó risas en los otros, que se vieron atajadas por el timbrar de un teléfono. Resultó que Heidi, la madre de Josh, había sido trasladada al hospital de Nueva Gales del Sur para dar a luz.

Después de finalizadas las gestiones cooperativas que insumieron tres días y otra vez de regreso en la metrópoli, Melania no daba descanso a su aleteo. La mariposa sobrevolaba el tiempo que le pertenecía ensimismada en sus voluntades, con la convicción de que nada se le restituiría.

Una vez por semana, Melania compraba flores a un ambulante que bajo nieve o sol, vendía a todo pulmón junto a una la luz de semáforo. Ella las ponía en agua en un jarrón añoso justo en la esquina de su dormitorio, para que al despertar estimara la esplendidez de la subsistencia. Pero en esa data compró dos ramilletes y entre luces que detenían su conducir, extrajo una loción de la gaveta del auto y la echó encima de su sudor y los hedores ajenos adquiridos.

Se cambió la blusa y anduvo al hospital central a conocer a la recién nacida. Era una réplica de Josh y tan pequeña que la podía contener en sus dos manos. Heidi pasaría su primer mes de lactancia en un albergue estatal, mientras el logogrifo del destino de Josh estaría dispuesto a la buena de Dios.

Fue así que se trasladó al niño a un orfanato. A Melania se le aprehendió el flujo de la sangre mientras deseaba llevarse a los infantes a casa. Puso la niña en la cuna, abrazó a Heidi y salió al pasillo helado como una lápida.

A media mañana llegó consumida a su morada repleta de cajas de cartón. Descubrió que no podía más con el peso de su cuerpo y decidió no colaborar ese día en el comedor. Es que debía ultimar detalles para su boda, entregar el apartamento, mudarse a la granja, poco a poco despedirse del opus y estar con las botas puestas hacia la ciudad de Perth. ¡Los cambios que habían demorado profuso, ahora se daban todos al unísono!

Quizás así, a la drástica, lo habrían hecho los triunfadores. En medio del caos entre papeles y cajones, dio un último parpadeo. Si bien Betty le explicó que Josh estaba a salvo, ella lo echaba de menos con vehemencia, pues llevaba un mes sin reparar en su carita y estar en la gloria de la profundidad inconmensurable de sus ojos.

Iría a visitarlo sin subsanar en las admoniciones del trabajador social. Pero esa tarde Sarón reclamó su presencia, ahíto de sus tareas y el poco tiempo que ella le dedicaba. Sin embrago, a Melania el aliento le pronunciaba otro rumbo. Reposada en la banca de la plazoleta mientras miraba el ondear de la bandera australiana, consintió a su absolutismo.

Le concedió con pesar a un transeúnte los dulces que había comprado para Josh. El niño conquistaba sus reflexiones con fervor. Melania apetecía correr tras su instinto. Entre pasos de retorno a la morada, se intrigó en el modo en que sujetaría esa porción gitana de ella misma y ese titubeo a la entrega la sugestionó.

Como por arte de un demontre, se atenuó el amparo en los brazos de Sarón, mientras en su mirada Melania apreció aludes de disímiles linos. Al cohibirse como rehén, se apartó de su lado con el subterfugio de cocinar. El estupor entre ambos comenzaba a resultar recíproco.

Tal vez como decía su madre, en lo que al amor atañe, otros disimulan falencias peores a las de una. A la sazón meditó en si convenía atesorar una intimidad que era una punición, o que se le tiñeran los cabellos de blanco en soledad.

Melania cenó a solas, mientras él yacía en el lecho e ideaba el futuro. Desde la mesa volteó la mirada y divisó un hombre muy lejos del que durante años ella le hizo antesala. Volvió a su lado, accedió a sus besos y devolvió las caricias. En unos minutos, como resignados al tedio, se dieron las buenas noches. Y con la esperanza de que la aurora dilucidara las dudas, Melania se durmió.

Despertó algunas veces durante la noche y percibía el fastidio de Sarón, pero ella hacía caso omiso y retomaba el sueño. Como cada mañana, la alarma sonó a las ocho. Convocada por la elipsis con que ella durmió varios años, se aferró al calor de amantes que aún había en la tibia cama.

Puesto que Sarón no constaba a su lado, ella anduvo hasta la sala, le dijo, "Buenos días", y se le abrazó a la espalda. Pero él la apartó mientras exclamaba, "¡Estoy exhausto, he de marcharme"! Y salió sin ni si quiera despedirse. Melania especuló en esos ardides masculinos para apartar los desafíos. Pero rehusó darle mente a lo sucedido. Le regía dar vuelta la página.

A marcha veloz salió a recoger a Betty, pues ambas participarían en una audiencia de adopción. A estas alturas ya la delegación estaba al tanto de las influencias de la dama y sus esmeros hacia un fallo positivo de que Melania recibiera a Josh.

Con la obstinación que la caracterizaba, Melania fue contundente en cada interrogatorio mientras dejaba fluir su pureza ante la imparcialidad de esos poderíos. Ya en las escalinatas del Tribunal de Menores desató el pañuelo que acicalaba en el cuello para dar curso a sus suspiros reprimidos. Miró detrás de esas nubes magnas y supo no desertar. Como en cada sueño, ¡para poderlo narrar, hay que llegar hasta el fin!

Ni bien dejó a Betty, cayó en cuenta del sigilo de Sarón, pero como ya había aprendido mucho de los reveses amorosos, siguió con la tarea a mano. Llamó al dueño de la casita en Perth, quien aceptó su oferta de arriendo. Fue a la estación postal, envió los pliegos pertinentes y de regreso se detuvo por más cajas de cartón.

Al adentrarse en la morada, remiró los arcenes. Pensó que era una ironía que nacemos desprovistos y nada nos llevamos, ¡pero a cuanto nos sometemos!

¡Qué más daba! ¡A desnudar los ataderos, y conceder lo que más se pueda! ¡Basta de tanta irreflexión prolija! Abrió la lumbrera y se holgó en la mecedora. Encendió un cigarrillo para dar inicio a la ceremonia que mantenía con su abuela. Y de súbito se sintió acariciada por un céfiro que la recorrió entera.

Pasaron tres jornadas, y de Sarón, nada. Era como si un tsunami se lo hubiese tragado. En medio del cataclismo de las cajas, encontró sus alas, así que salió con la casta ilusión de que unos molinetes en la pista de patinaje sortearían el paso de las horas y un teléfono que no sonaba. Cuando colindaba la primera campanada del ocaso, emprendió el retorno a casa.

Aunque lo de Sarón le resultaba irritante, tomó una ducha, acopió sus bártulos y salió hacia el cabaret para jugar su carta contra el desafecto y tomar el antídoto contra el veneno de su desengaño. Melania buscaba disfrazar su percibir recóndito con emperifolles y risas precipitadas.

Como riqueza para la reaparición de la mariposa, el local estaba repleto de clientela. Tal como en épocas doradas, Melania no tuvo que subir a la tarima, pues pasaba sin tregua de los brazos de un cliente a otro. Recogía rendibúes como capullos en un edén mientras el opus le subsanaba sus horas vanas.

Pero el alma reclamaba al que confundía con su amo, por lo que mientras se limpiaba el cuerpo desnudo y aguardaba por Zoe, llamó a Sarón, quien no contestó. Furibunda, se atavió con sus prendas, decidió esperar a Zoe afuera. La afición de Melania con ella era genuina y no le celaba las verdades. Pero mientras divagaba desesperada en las rayuelas de la aurora, Melania decidió andar sola hacia el aparcamiento.

Cuando ella traspasaba la puerta de esa fantasía, su encuentro con la realidad era pulcro, las aprehensiones desvanecían y el carrusel restablecía la pompa a toda entraña. Atrapada en el tráfico, pensaba en Josh como alguien que le era inverosímil desarraigar. Iría a verlo. Su presencia enmendaría cada ausencia.

Con el entusiasmo a flor de piel, tomó un baño, horneó una torta mientras le daba tiempo tanto a que abriera sus puertas el bazar, como a que Sarón emergiera. Finalmente se acicaló. Compró un camión para que Josh lo rebalsara de piedras y arena, pues el niño amaba cimentar y ella desvariaba con el instante en que lo vería jugar.

Una vez que se identificó con la madre superiora del hospicio, echó ojo a cada grieta de esas paredes arcaicas y a cada una de esas criaturas allí dentro, mientras meditaba si su raso ciño alcanzaba la dimensión del abandono.

Hasta que el corazón se le alborozó al reconocer la vocecita de Josh. El niño daba pasos de lado, mientras iba tomado de la mano de una de las monjas. Al ver a Melania, se soltó, corrió hacia ella y le indagó, "¿Dónde has estado? Entre sollozos de algarabía Melania le respondió, "¡En tu corazón!"

Se les confirió una hora para el encuentro, así que ambos salieron al patio de arena que había detrás de la tétrica sala de espera. Bajo la parca sombra de una higuera se acomodaron uno junto al otro en una mesa de madera desteñida por años de sol y lluvia. En este orfanato no tenía cabida ni el matiz más insípido de alegría.

Ella extrajo la torta de su bolso y sirvió néctar de manzana. Cuando el niño degustaba de ellos, le entregó el camión. El ver la felicidad en sus ojos fue la gloria del paraíso. Llenaron y vaciaron las ilusiones de la vida en el camión. Esos sesenta minutos acaecieron a prontitud y el gimoteo de Josh al ver a la monja que venía a recogerlo la hizo trizas.

Melania contuvo la emoción, y dijo... "No llores, ve. ¡Esta es la última vez que me ves partir!" Y con pesar recogió sus enseres y lo vio irse. En la puerta de salida controló su llanto y con el peso de una cruz, subió al automóvil. Llamó a Betty en desespero, por si acaso una luz de atisbo había en ese túnel. Pero no quedaba otra más que la espera aletargada.

Un día idéntico al de ayer. En medio de la barbarie de su laberinto y las cajas de cartón de la mudada, Melania anduvo hasta el cuarto con la pobre perspectiva de dormir, pero apenas reposó. Y ante la indiferencia de Sarón decidió ir hasta la granja. Esas dos horas que condujo le fueron una condena. Entre desvelos y dilemas sentía que nunca llegaba a destino.

Una vez que detuvo el auto, se le atenazó el espíritu. Le constaba que él estaba en casa, así que tocó la puerta. Al sólo oír silencio, lo llamó por teléfono, pero tampoco obtuvo contestación. Perpleja, recorrió la hacienda con la ilusión de encontrarlo en el regadío. Por un instante profesó temor de que algo le hubiese sucedido, pero justo cuando la sospecha la apresaba, una energía la hizo voltear y vio que la tierra y las plantas se habían regado recientemente.

Regresó encolerizada a la entrada de la finca. Volvió a llamarlo y de repente recibió un mensaje de texto de Sarón que decía, "Mejor vete, ¡nada tengo que hablar contigo!" Melania creyó que era un sarcasmo, así que tocó con insistencia a la puerta mientras repetía su nombre, cuando recibió un nuevo mensaje que decía, "¡Vete!"

Sin más a su alcance y con la resignación de un monje, llegó sin saber cómo a su casa. Contrita abrió la lumbrera y se sentó como un mendigo en el piso. Rompió en llanto por la indolencia de Sarón y declamó, "Oh amor puro y verdadero ven ahora, ven ya".

Entre sueños oyó la voz que le habló luego de una gran prórroga. Y en su primer pestañar matutino, justo cuando se entregaría a la vanidad de su mente en fútiles conjeturas de porqués, el teléfono timbró. Deseó que fuese Sarón en reconcomio a su cobardía, pero era Betty. Y por vez primera Melania pidió a la dama que viniese a verla.

Entre murmullos, Betty le dijo, "Que ese rufián saliera de tu vida fue lo mejor que te pudo ocurrir". Pero a Melania esa veracidad le dolía. De ahora en más le urgía rearmar el curso de su tiovivo. Constaba de una semana para desmantelar el apartamento, de ahí se quedaría en la casa de Betty al otro lado de la urbe.

Juntó las fracciones de su alma hecha añicos con la cognición de haber perdido lo que jamás tuvo: un diantre bajo antifaz de recental, un individuo del que emanaban aguas apacibles y turbias. Buscó con ahínco deshacerse de cualquier indicio que agitara la memoria del cuerpo. Al igual que con cada hombre que amó, también derribó las efigies de Sarón. A la viajera nadie le atajaría sus alas.

Como en culto de despedida anduvo sigilosa la por la dársena. A poco cruzó la avenida, entró al bar contiguo a la biblioteca, donde no se distinguía el día de la noche. Encendió un cigarrillo, ordenó un tequila y colocó unas monedas en la victrola para que sonara la canción "Una de estas mañanas de Moby". Y se hizo espacio entre los aldeanos en la barra.

Melania analizó a causa de qué bebían los otros. Tal vez por desencanto, o peor aún por martirio. Ni bien un tipo le soltó letra, ella le devolvió una mirada incisiva, se puso de pie y salió por la misma puerta que entró. Mientras soltaba un gimoteo de tirria volvió a su casa.

Ya ni con el cuerpo podía. Se acurrucó como niña en la cama mientras cavilaba cómo sería su peregrinaje al despertar. Y cuando el recuerdo del tirano la asaltó, logró forzar de súbito la nítida carita de Josh, el lenitivo a todos sus ramalazos. Y con esa esfinge de pureza, pasó al silencio y se durmió.

Melania se vio sacudida por las cantinelas de ayer y los estruendos, que de repente mermaron. Volvió a deslizarse entre las cobijas acogida por su propio calor y oyó nítidamente la voz, "Cada uno de estos céfiros furibundos, hasta ti me llevarán". Y sin revelar nada más, el murmullo pasó al silencio.

Salió de la cama pues tocaban a la puerta. Era el personal de la mudanza. Los recibió con desconcierto, pero lo cierto era que ya había llegado el martes 12 de octubre. Agarró una taza de té, corrió hacia el armario y sacó una bolsa negra de tamaño exuberante. Uno de los muchachos quiso ayudarla, pero ella aseguró que podía sola.

A toda velocidad fue a depositarla en la basura y al arrojarla por el conducto que recorría verticalmente todo el edificio, desahució con ella once años de muerte y vida. A pesar de que una diva recelosa le dijo que de ningún modo lo hiciera, puesto que con ese acto avivaba el regreso de satán, Melania la lanzó con exacerbación desde el séptimo piso, como quien arrojaba el féretro de los desertores de su amor hasta la profundidad de la tierra.

Entró etérea al cuarto, se quitó el pijama y se atavió con lo primero que vio, que casi siempre era alguna prenda que su madre le enviaba. Daría espacio y tiempo a los hacendosos chavales para que concluyesen su trabajo. Se dirigió a la entidad bancaria, donde asentó constancias de solvencia, e hizo transferencias con la exorbitante suma de sus ahorros.

Satisfecha, anduvo hasta la plazoleta donde una vez una gitana le leyó la palma de su mano. Pensó en Bori, esa joven rebosante de lealtad, pero de sonrisa a medias, porque en algún episodio extravió la otra mitad. Pensó en los hombres que conoció allá dentro del cabaret y en los amantes a los que le concedió la gracia inmerecida de tenerla. En ese momento la distrajo el chillido de una paloma. Esto le hizo llevar los ojos hacia esa basílica y admiró a quienes con fervor oraban hasta en las escalinatas. Sacudió sus alas ahí en esa plazoleta para inhumar a "Victoria".

Llegó al punto cuando no quedaban ni reliquias de lo que fue su morada. Entregó las llaves al propietario y sin voltear hacia el muelle, se alejó. Lo hizo con la convicción de que debía concluir con esa muralla que hasta hoy fue su cotidiano. Cruzó hasta el extremo de la ciudad, donde Betty la esperaba con los brazos abiertos en medio de su vergel tornasolado. Entre alucinaciones, Melania vislumbró a su madre.

Saltó del vehículo y exclamó entre sonrisas, "¡Gracias!" Ni bien entró, tuvo la sensación de haber retornado a su casa, a ésa que un día la vio partir. Aún de esas paredes brotaba su olor sin concernir los añares que se escurrieron en muertes y nacimientos. Sería una semana de extrañeza, donde alistaba el rumbo definitivo de su carrusel.

Poco después se quedó a solas en una habitación de ventana

rectangular y color blanco, desde la que se podía ver la acuarela de un oasis. Sacó de la maleta el retrato de su abuela y lo colocó en la mesa de noche. Profesaba rareza que en una misma jornada soterraba y renacía. Pero se sentía feliz y a salvo como antaño.

Durante la semana Betty y Melania realizaron obras caritativas en un pequeño comedor de la parroquia María Magdalena. Entre la entrega de refrigerios, la joven, industriosa como su madre, vendía en el jardín objetos que formaron parte de su antigua casa. Había abandonado las tinieblas para emerger a la luz. La alegría le brotaba en cada corpúsculo. Y de repente pensó que todo sería más sublime si al menos un niño maravillara ese contexto con su pureza.

Los minutos se convertían rápidamente en horas, porque llevaba a cabo lo que amaba hacer. Era como si el cielo hubiese desparramado junto a ella ángeles cuyo albor templaba aquella primavera aún impávida. En cada uno que despedía, desterraba una porción de su trozo gitano.

Acaecieron nueve fechas en las que descubrió su capacidad de supervivencia y la destreza de sus dones. En la última noche en casa de Betty quiso dar un agasajo a quienes conformaron esa porción de ruta en su peregrinaje. Preparó una lasaña de verduras que sirvió en la mesa adornada por un mantel púrpura y velas blancas que olían a jazmín.

Entre los invitados estaban tres parroquianos del comedor y Shirley, una dama inglesa que era amiga de Betty desde una edad lozana. Al sentarse a la mesa, oyó que alguien llamaba a la puerta. Resultó ser el señor Peterson, lo que la rebosó de algarabía. Con el alma en un hilo, Melania le preguntó, "¿Tiene noticias para mí?". Y él le respondió, "Nada aún. Sólo quise probar tu lasaña". Algo escéptica, pero sonriente, ella le sirvió. Y en el brindis antes de la comida resonó la memoria dormida de la familia.

A primera hora saldría hacia Perth. El dueño de la casita esperaría por ella en el aeropuerto y le ayudaría a alojarse. Por motivos ignotos, Betty se tardaría en alcanzarla. Asustada con el aire de tanto cambio, casi no pegó un ojo en esa madrugada. Aunque la mariposa estaba libre para aletear, indagaba cómo cambiaría el rumbo del tiovivo sin sus amigos y el opus.

Durante el impasible crepúsculo matutino, salieron hacia el aeropuerto. Betty la dejó en la puerta y ella entró a todo dar. Entre las turbulencias de una tormenta, aterrizó en el suelo prodigioso de Perth que contaba con esa exquisita fragancia natural. Bastaba cerrar los ojos para trasportarse a la ciudad italiana de Lucca.

Al recoger el equipaje pensó en Sarón, pero para su fortuna se le aproximó el alemán que rentaba la casita. A Melania le urgía trasmutar ese espectro, por lo que saludó con diplomacia al teutón y emprendieron la ruta hacia la vivienda. El buen hombre hasta había encendido la chimenea para ella. Luego de ayudarla y darle las premisas pertinentes, se marchó.

Melania tocó conmovida las paredes, descorchó una botella de vino y encendió un cigarrillo que aspiró con complacencia incalculable. Pero al minuto en aquel silencio timbró el teléfono. Era Betty que le preguntaba si se encontraba a gusto y le añadió, "Has de regresar en dos días. Faltan unos pormenores que certificar sobre la cooperativa y ha de ser en Nueva Gales del Sur.

Ya reservé tu boleto. Yo regresaré contigo a Perth".

Melania creyó que esto era un desvarío, pero no le quedaba de otra que asentir. Entonces llamó al alemán para que otra vez la recogiera el miércoles y la llevara al aeropuerto. Mientras entonaba la canción "A mi manera", de los Gipsy Kings, desarmó las maletas sin pasar por alto darle un sitio propicio a las imágenes de su parentela, y entre ellas, una de Josh. ¡Cuánto lo echaba de menos!

Se atareó el día entero en arreglos de la casita y sembró un pino a la intemperie con la ilusión de que prosperara para la Navidad. Y en medio de la quietud y su fracaso en tratar de leer, sintió una soledad inenarrable. Añoró con las entrañas a su abuela, que iluminó tantas veces las opacidades de sus noches. La extrañaba a más no poder y le recitó el himno que le pertenecía, "Oh amor puro y verdadero, ven ahora, ven ya". El consuelo la inundó y se durmió en medio de una sensación de paz.

A través de la ventana vio detenerse al auto del alemán y corrió hacia él, porque el viento frío le penetraba hasta los huesos. Ya en el aeropuerto, como cuando buscaba afanosa al hombre indicado en errados caminos, ella aguardaba el abordaje de su vuelo.

Melania se encontró en la urbe pomposa con Betty, quien jamás suprimía su sonrisa. Mientras se desplazaban por la ciudad, la joven captó sus ansias y le dijo, "¿Por qué estás afanosa?", a lo que la dama le replicó, "Sabes que me aturde el tránsito".

Al cabo de un largo andar, Betty detuvo el motor y Melania se dio cuenta que el área no correspondía a la del buró de la cooperativa, por lo que le indagó, "¿Qué hacemos aquí?" Betty le respondió entre sonrojos, "Es que hoy certificaremos unos documentos en este lugar". Melania la siguió con suspicacia.

Era una edificación arcaica en la zona de los tribunales. Mientras subían hasta el piso 24 en el elevador, Melania reparó minuciosa en la fecha. Era el miércoles 24 de octubre, el día en que su abuela cumpliría años, por lo que tomó las coincidencias como un vaticinio favorable.

Ambas se adentraron en una oficina sombría y poco después hizo presencia el señor Peterson, quien por primera vez le regaló una sonrisa a Melania. Detrás de él aparecieron otros dos trabajadores sociales, con los que ella había interpelado por la adopción de Josh.

Perpleja, Melania no emitió verbo alguno. Los señores dieron inicio a la audiencia al decir, "Señorita Melania Benedetto, la hemos citado hoy aquí para conferirle, bajo la jurisdicción del estado australiano de Nueva Gales del Sur, la adopción legal de Josh Johnson ¿Está usted de acuerdo?" Ella, que ya constaba en sollozos desde el primer vocablo de esos señores, se puso de pie y con la fuerza de su alma exclamó, "¡Sí!"

Le tiritaba todo el cuerpo. No era capaz de dominar los dedos para tomar la pluma y firmar los papeles. Mientras se restregaba los ojos con una mano, la otra le permitió hacerlo. Y tal como si un céfiro beato hubiese ingresado a esa sala, dio oídos nítidos a la voz que musitó, "Yo fui esos remolinos que hasta ti lo trajeron".

De inmediato Betty acarició su frente y salió de la oficina, mientras a ella le eran minúsculas las palabras. Ni bien finalizó de estrechar las manos con el comité social, el ruido de la bisagra de la vetusta puerta la hizo voltear.

El cielo se abrió al darse cuenta que era Josh, quien al verla se soltó de la mano de Betty y corrió hacia Melania mientras le gritgaba, "¡Te he extrañado mucho! ¿Ya no te irás?"

Ella lo estrechó en su pecho con el deseo ferviente de meterlo dentro de su propia piel, lo cargó en sus brazos y al contemplar la gloria en sus ojos, sintió rescatar una fracción de su propia carne mientras le decía, "¡Vaya que han valido la pena esos céfiros de torbellinos para que te trajeran a mis brazos, Josh! ¡Ya no nos volveremos a separar!"

Ya en las graderías de las afueras, Melania, con Josh en sus brazos, miró al cielo y exclamó, "Oh amor puro y verdadero, ¡viniste ahora, viniste ya!"

LA AUTORA Y SU OBRA

Carina Vottero nació en la ciudad argentina de Córdoba. Desde su juventud se ha desplazado por diversas acuarelas del universo en la pesquisa del enigma de la humanidad. Desde hace más de una década se radicó en Estados Unidos, donde realizó estudios metafísicos y de lenguas, hasta haber descubierto que la finalidad de este carrusel compartido que es la vida, no es más que el amor. Y desde entonces, soltando la voz del alma, ha publicado un libro de poesía titulado *De presencias y ausencias*, y poco después la novela *Lo que estaba escrito*. Ahora da a conocer su segunda novela, *El opus de Melania*. Con la ensoñación de la mortal más agradecida, Carina Vottero anhela vivir en plenitud de paz y escribiendo por el resto de sus días.

Made in the USA
Middletown, DE
18 September 2015